特別支援教育サポートBOOKS

学びにくい子どもと教室でできる！
プチ ビジョントレーニング

オプトメトリスト
奥村 智人・三浦 朋子・茅野 晶敬 著

明治図書

はじめに

1999年から2002年までアメリカの大学に留学し，ビジョントレーニングを中心にオプトメトリーという学問と実践を学んできました。当時から，ビジョントレーニングは発達障害，高次脳機能障害，スポーツ選手の視機能・視覚認知のサポートを行う実践としてアメリカを中心に世界各国に広がっていました。アメリカでは，国家資格であるオプトメトリストと College of Optometrists in Vision Development という学会の認定資格である Vision Therapist によって，ビジョントレーニングはさらなる発展をみせています。

帰国した当時は，何人かのオプトメトリストが先進的な取り組みをされていましたが，まだまだビジョントレーニングは聞き慣れない言葉でした。それから20年近く経過し，特に小児の領域でビジョントレーニングを実践する専門家が増えてきました。それに伴い，多くの書籍やトレーニング教材，パソコンなどのビジョントレーニングソフトが出版されるようになりました。ビジョンケアーの重要性を伝える専門家の１人として感慨深いものがあります。しかし，その一方で，ビジョントレーニングの本質よりも，その手法や道具が先行しているようにも感じられます。それに対する批判的な言葉も耳にすることがあります。

このような現状を踏まえ，子どもに対するビジョントレーニングの実践手法を集約し，その本質や子どもの特性に応じた実践の仕方を整理する必要があると考えました。本書は，『特別支援教育の実践情報』（明治図書，№165〜176）で12回連載された「教室でできる〈プチ〉ビジョントレーニング」を基に，著者３人が試行錯誤しながら取り組んできた実践のまとめを，ビジョントレーニングの専門家以外でも分かりやすいようにとまとめたものです。また，本書の内容は，細かなトレーニング道具や技術だけでなく，対象となる子どもたちに取り組みやすくする工夫，意欲を引き出すための手法をできるだけお伝えできるように心がけました。

本書が，日本のビジョントレーニングのより広く，深い発展につながり，子どもたちの笑顔を少しでも増やすお手伝いになることを期待しています。

最後に，子どもたちやご家族と関わる中で経験し，教えていただいたことが，私たちの財産であり，本書の基礎になっています。これまで関わらせていただいた皆様に感謝すると共に，子どもたちのよりよい成長の一助となることを望んでいます。

2018年１月

奥村　智人

Contents

はじめに　3

1章　ビジョントレーニングを始めるための基礎知識

1　視機能・視覚認知とは ································· 6

2　アセスメントに基づいたトレーニング ································· 13

3　ビジョントレーニングと組み合わせるべき合理的配慮 ················ 17

2章　家庭・教室でできる〈プチ〉ビジョントレーニング

1　ビジョントレーニングのアイデア ························· 24

❶くるくるチャイムⅠ　25	❷くるくるチャイムⅡ　26
❸くるくるチャイムⅢ　27	❹ぬいぐるみをつかまえようⅠ　28
❺ぬいぐるみをつかまえようⅡ　29	❻ぬいぐるみをつかまえようⅢ　30
❼目のたいそう　ゆっくり　31	❽目のたいそう　はやい　32
❾ビー玉迷路Ⅰ　33	❿ビー玉迷路Ⅱ　34
⓫ビー玉迷路Ⅲ　35	⓬ボールキャッチⅠ　36
⓭ボールキャッチⅡ　37	⓮ボールキャッチⅢ　38
⓯ボールキャッチⅣ　39	⓰ボールキャッチⅤ　40
⓱バランスゲームⅠ　41	⓲バランスゲームⅡ　42
⓳バランスゲームⅢ　43	⓴いちごケーキⅠ　44
㉑いちごケーキⅡ　45	㉒いちごケーキⅢ　46
㉓スラップタップⅠ　47	㉔スラップタップⅡ　48
㉕スラップタップⅢ　49	㉖積木移動Ⅰ　50
㉗積木移動Ⅱ　51	㉘積木移動Ⅲ　52
㉙ペグボードⅠ　53	㉚ペグボードⅡ　54
㉛ペグボードⅢ　55	㉜洗濯ばさみⅠ　56
㉝洗濯ばさみⅡ　57	㉞洗濯ばさみⅢ　58
㉟くるくるボードⅠ　59	㊱くるくるボードⅡ　60
㊲トラッキング迷路　61	㊳アイロンビーズすくいⅠ　62

㊴アイロンビーズすくいⅡ　63　　㊵アイロンビーズすくいⅢ　64

㊶積木模倣Ⅰ　65　　㊷積木模倣Ⅱ　66

㊸積木模倣Ⅲ　67　　㊹積木模倣Ⅳ　68

㊺タングラムⅠ　69　　㊻タングラムⅡ　70

㊼タングラムⅢ　71　　㊽立体パズルⅠ　72

㊾立体パズルⅡ　73　　㊿立体パズルⅢ　74

51ジオボードⅠ　75　　52ジオボードⅡ　76

53ジオボードⅢ　77　　＊ジオボードで作成する形の難易度について　78

54かくれたかたち　79　　55電車を追いかけようⅠ　80

56電車を追いかけようⅡ　81　　57電車を追いかけようⅢ　82

58コラムサッケード　83　　59見くらべレース　84

60ぐるぐる迷路　85　　61○×数字レースⅠ・Ⅱ　86

62マスコピー　87　　63点つなぎⅠ　88

64点つなぎⅡ　89　　65パソコンを使ったトレーニング　90

2　ビジョントレーニングの進め方 ──────────── 91

3章　苦手さのある子どもへのビジョントレーニング指導事例

1　黒板・教科書の内容を書き写すのが苦手だったGちゃん ──────── 102

2　漢字を覚えるのが苦手だったFくん ────────────────── 104

3　工作が苦手だったCくん ───────────────────────── 106

4　ノートをきれいに書くのが苦手だったSさん ────────────── 108

〈参考資料〉見る力に関するチェックリスト　110

　　　　　スラップタップⅠ・Ⅱ・Ⅲ見本用紙　112

　　　　　コラムサッケード見本用紙　114

Contents　5

1章

ビジョントレーニングを始めるための基礎知識

1 視機能・視覚認知とは

1. 視機能・視覚認知と学習

　視機能・視覚認知とは，次のページから説明していきますが，「見る力」に関連するさまざまな能力です。外の世界の情報の約8割を目から得ているといわれている人間にとって，「見る」という活動は非常に重要です。そのためにはもちろん視力は大切な基本となる力です。

　視力以外に，「見る」ことに関係する機能には何があるでしょうか？　そして，その力にもし弱さがあるとしたら，どんな問題が起きるでしょうか？

　視機能・視覚認知に弱さがあるときに，よく聞かれる特徴をみてみましょう。

・文の終わりを省略して読んだり，勝手に読みかえたりする　　・おりがみが苦手

・定規，分度器，コンパスを上手に使えない　　　・文字を書くと形が崩れる

・定規などの目盛りが読みにくい　　　・黒板を写すのが苦手または遅い

・図形や絵を見て同じようにかき写すことが苦手　　・文章を書くと，文字が1列にそろわない

　上にあげた特徴は，視機能・視覚認知の弱さがある小学生によく聞かれる特徴で，かつ弱さのない小学生ではほとんどみられない特徴です。子どもに当てはまる項目はありますか？　学校での学習の基本的な活動が多いですね。また，特に視覚認知の弱さは，国語や算数の成績に関係しているという研究結果もあり，視機能・視覚認知は学習を支える大切な能力であることが分かっていただけるのではないでしょうか。

　巻末に「見る力に関するチェックリスト」を掲載していますので，参考にしてください。チェックの数が多い場合は「見る力」に弱さがあったり，その他の要因で子どもが学習や日常生活でつまずきをもっていることが予想されます。症状の原因を検討する必要があるでしょう。

2. 視機能とは

視機能とは、「見る」ことに関わる機能のなかで、外の世界の情報を目に取り込む力（入力）に関わる機能のことをいいます。ここでは視機能にはどのようなものがあるかご紹介します。

❶視力

視力は皆さんが一番に思いつく「見る」ことに関わる機能ではないでしょうか？　視力によってはっきりと鮮明に物を捉えることは、今から説明する視機能・視覚認知のスタートとなる基本であり非常に重要なものです。

この視力に影響を与える代表的なものが、近視、遠視、乱視のような屈折異常です。外からの映像が目に入ってきたときに、ちょうど網膜に像を結んでくれると鮮明に見ることができます。しかし、眼球の大きさと角膜、水晶体（図1）などによる光の曲がり具合の組み合わせによっては網膜よりも手前（近視）や奥（遠視）で像を結んでしまうことがあります。そうすると、網膜にはぼやけた映像しか映らず、物をはっきり見ることができなくなってしまいます。

これを解消するのが、眼鏡やコンタクトレンズです。度数を合わせたレンズを通すことで、網膜に像が結ばれ、物をはっきり見ることができるようになります。

眼鏡をかけると近視の度数が進む、と思って子どもに眼鏡をかけさせたくないと考える方もいらっしゃいます。しかし、眼鏡をかけなかったり、眼鏡の度数を弱めにしたりしても、近視が進むのを抑制する効果はないという結論に至っている研究が最近多くみられます。それよりも、はっきり見えないことによる不利益の方が大きいでしょう。初めて習う文字の細部まできちんと捉えて学習する、人の表情を見て対人コミュニケーションを学んでいく、そのための情報を正確に捉えるのは、良好な視力があってこそです。

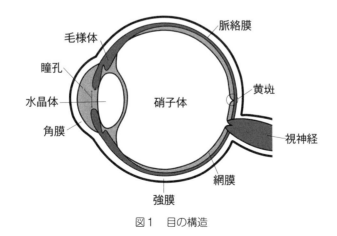

図1　目の構造

❷両眼視

　人間には左右2つの目があります。左右の目から映像が脳に送られ，脳で2つの映像を重ね合わせて1つの映像として認識します（融像）。左右の目は少し（約6cm）離れた位置についていますので，厳密には右目で見えている映像と左目で見えている映像にはずれがあります（両眼視差）。このずれは遠くのものほど小さく，近くのものほど大きくなります。この映像のずれを脳が認識することで，私たちは距離感や立体感を得ることができます（立体視）。ですから，ケガなどで眼帯を片方の目に付けると，普段何気なく行っていること，例えば階段の上り下りや自転車での走行などが怖かったり，うまくできなかったりします。普段は両目で詳細な距離感や立体感を得ているのに，片目だけでは情報として十分ではないのです。

　私たちは遠くを見ているときは両方の視線がほぼ平行に，近くを見ているときには両方の目が鼻側に寄ることで，どの距離でも両目で物を見ることができ，正確な立体視を得られるようにしています。視線の向きを調整するこの力を開散（視線を外側に向ける），輻輳（視線を鼻側に向ける）と呼びます（図2）。このように両目の映像を1つに処理してくれる脳ですが，2つの映像があまりに大きく異なっているとうまく1つにできないため，物が2つに見えてしまったり（複視），2つの別の物が重なって見えてしまったり（混乱視）します。物が2つ見える，または重なって見える状態は非常に気持ち悪く，活動に支障が出るため，片方の目の情報の一部またはすべてをシャットダウンすることもあります（抑制）。

　両眼視の力が弱いと距離感をうまく捉えられなかったり，疲れた時に物が2つに分かれて見えたり，読書や手元の作業を自然に避けるようになってしまいます。

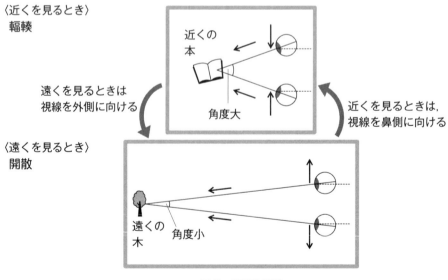

図2　輻輳と開散

❸調節

　私たちが見る物は、いつも一定の距離にあるとは限りません。さまざまな距離の物を見続ける、または行ったり来たりして見るわけですが、その際、鮮明に物が見えるように距離に合わせて瞬時にピント合わせをする必要があります。この働きを調節といいます。

　調節は毛様体筋という筋肉と両凸レンズの形をした水晶体によって行われます。近くを見るときには毛様体筋が収縮し水晶体は厚みを増してピントを合わせ、遠くを見るときには毛様体筋が緩み水晶体は厚みを減らしてピントを合わせます（図３）。筋肉の収縮を伴うため、近くを見る方が目にとっては負荷が高くなります。ゲームや近くの作業をするときは30分程度で休憩しましょう、というのは、近くを見ているときは毛様体筋が働き続けているため、筋肉を休める、という意味もあるのです。

　調節の力が弱いと、はっきり見るために多くのエネルギーを必要とするため、疲れたときに物がぼやけて見えたり、頭痛や肩こりが起こったり、読書や手元の作業を自然に避けるようになってしまいます。また焦点を切り替える際、はっきり見えるまでに時間がかかったり、はっきり見える状態を保つことができなかったりします。

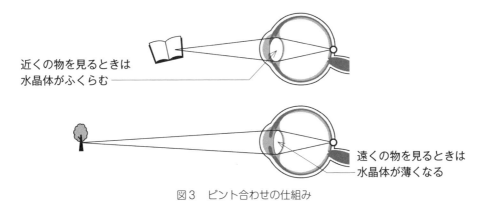

図３　ピント合わせの仕組み

❹眼球運動

　目を動かす力として、ここでは２つを紹介します。追従性（または滑動性）眼球運動（Pursuit：パスート）と衝動性眼球運動（Saccade：サッケード）です。追従性眼球運動は動くものを目で追いかけるときのゆっくりとした目の動きです。衝動性眼球運動はジャンプするような速い目の動きです。

　通常、眼球運動は就学までに頭を動かさなくても目だけを動かすことができるようになり、小学３年生までにほぼ正確な視線の動きをすることができるようになります。

　眼球運動の力が弱いと本を読む際に時間がかかったり、文字や単語の読み飛ばしが増えたり、行や列が変わるときに場所を見失ってしまったり、板書や手元の資料をノートに写すことに時間がかかってしまったりします。また、ボール運動が苦手になることもあります。

3. 視覚認知・目と手の協応とは

❶視覚認知

　視覚認知とは，視機能によって外の世界の情報を目に取り込んだ後に，その情報を分析する力です。目から取り込まれた情報は脳に送られ，脳の中で「感覚→知覚→認知」の順番でより複雑で高度な判断や理解に関わる情報処理へと移行していきます。「視覚に関わる感覚から認知までのすべてのプロセス」または「視覚の情報処理の最終段階のプロセス」のことを視覚認知といいます。視覚に関わる情報処理の3つの段階を表1に示します。本書では，感覚から認知までのすべてのプロセスを総称して視覚認知と呼ぶことにします。よく似た言葉として，「視覚情報処理能力」「視空間認知」「空間認知」「形態認知」などさまざまな用語が使われることがありますが，本書では細かく使い分けることは避け，「視覚認知」という言葉で解説していくことにします。

　視覚認知には，形を見分ける処理が含まれます。目から入った情報はすべて点と線，それに色によってできています。見ている物を認識するには，それらをただの点や線の集まりではなく，要素が集まった何かの形であると分析することが必要なのです。

　一方で，位置や方向を理解する処理も含まれます。見ている物の空間的な位置を認識しなければ，その物をつかんだり，ぶつからないように避けて歩いたりすることはできません。これらの形や位置関係を理解する力は，特に子どもたちが学習を進めるうえでとても重要で，視覚認知の中心的な要素になります。

表1　視覚に関わる情報処理の3つの段階

	内容
視感覚	目に情報が入ってきたことを感じ，意識するという段階の情報処理 　人間の目の奥にありスクリーンの役割をしている網膜が，視感覚を受け取る情報の入り口になります。しかし，私たちは目に光が入ってきたことを，目で感じているわけではなく，その情報を基に脳で光の刺激に反応して生じる意識をつくり出しています。脳で光を受け取ったと意識することが「視感覚」であり，初歩的な脳の働きです。 　「今必要な情報を意識し，必要ない情報を無視する」という，重要な情報にスポットライトを当てる役割も含まれます。
視知覚	目から取り込んだ情報に客観的な判断を加える段階の情報処理 　見ている物そのものやその一部分（線や面）の大きさ，長さ，傾き，動いている場合はその方向など，性質や要素に関する理解が行われます。
視覚認知 （狭義）	これまでの経験や知識から，見ている物に意味付けをする段階の情報処理 　見ている物が「何であるか」「どこにあるのか」「自分にとってどのような意味をもつのか」などを解釈し，概念的な理解が行われます。

❷目と手の協応

　目と手の協応とは，目で捉えた形や位置の情報と手の運動を連動させることです。目と手の協応がしっかりと働くためには，他の感覚や指・手以外の体における運動も含む，感覚・運動の統合が必要となります。感覚・運動の統合に必要な主な感覚には，視覚，前庭感覚（三半規管と耳石器で重力や体の回転・加速度などを感じる），固有感覚（筋肉・関節で体の位置や動きなどを感じる），触覚（皮膚で体に触れたものの位置や圧力などを感じる）があります。これらの感覚と運動のコントロールが連動して，指先の細かい動きや，体全体を使ったさまざまな動きが可能になります。

　生活のなかでのさまざまな活動を行うには，手や指の正確で素早い動作が必要になります。目と手のそれぞれの機能がバラバラに働いていては，多様な動作を正確に行うことはできません。視覚と手の運動，さらには上記のさまざまな感覚機能が連動して働くことによって，つかむ，握る，ひねる，押す，持つなどの手の動きが可能となります。

　教育現場においては，書く課題を行う際の鉛筆の操作がぎこちない，書いているときに枠から文字がはみ出してしまうなどの書字に関する不器用さが，目と手の協応の問題として取り上げられることが多く，支援が必要になります。

1章　ビジョントレーニングを始めるための基礎知識　11

表2　各機能の低下により起こる可能性のある症状

視機能	板書や教科書，プリントの文字をノートに写すのが苦手	
	探し物を見つけられない	
	文章を読む際，文字や行を繰り返し読んだり，読み飛ばしたりする	
	球技が苦手	
	定規の目盛りを読むのが苦手	
	百ます計算など，マスをたどるのが苦手	
	ときどき物が二重に見える	
	読むことや手元の作業をすると眠くなったりすぐ疲れたり避けたりする	
	遠近感が取りづらい	
	ときどき物がぼやけて見える	
	見ることを続けると肩こりや頭痛が起こる	
	階段の上り下りや高い遊具への昇り降りを怖がる	など
視覚認知	数字，かな文字，漢字の習得にとても時間がかかる	
	図形の問題が苦手	
	長い／短い，大きい／小さいを比べて判断することが難しい	
	図形や絵を見て，同じようにかき写すことが苦手	
	積木やパズルをしたがらない	など
目と手の協応	スプーンやフォーク，箸をうまく使えない	
	コンパスや定規をうまく使えない	
	鍵盤ハーモニカやリコーダーをうまく演奏できない	
	目に見える位置で行う蝶々むすびがうまくできない	
	目に見える位置のボタンのつけ外しが苦手	
	ハサミを使った作業が苦手	など

2 アセスメントに基づいたトレーニング

1. アセスメントの必要性

　ここまで読んできて,「そういえば, うちのクラスのあの子 (またはうちの子) も板書が遅いし, 本を読むときに行飛ばしが多いから, 眼球運動のトレーニングをしよう」と思われた先生や保護者の方, もう少し続きを読んでからトレーニングをするか他の支援や配慮を行うかを考えましょう。

　例えば, 眼球運動の弱さがあるときにみられる症状としてあげた「本を読む際に時間がかかったり, 文字や単語の読み飛ばしが増えたりする」ことについて考えてみましょう。本を読むときに時間がかかる場合, 眼球運動の弱さ以外に何か原因は考えられないでしょうか？
　一文字一文字を音に結びつけるのに時間がかかってしまう子どもであれば, 本を音読するのに時間がかかってしまうでしょう。また, 語彙 (知っている言葉の量) が少なければ, 知らない単語がたくさん出てきてしまうために読むのに時間がかかったり, 文字を飛ばして読んでしまっても気がつかずに読み進めてしまったりするかもしれません。それ以外にも注意力・集中力に課題があると, 文字や言葉を読み飛ばしてしまったり, どこを読んでいるか分からなくなってしまうこともあります。
　「板書や手元の資料をノートに写すのに時間がかかる」という場合も, 眼球運動だけが原因とは限りません。通常私たちは文章を書き写す際, まずその文字や書いてある言葉を (声には出しませんが) 音に変えて読みます。そして書く際はその音から文字を思い出して書いていき

図4　トレーニングの前にアセスメントを

ます。そのため，読むことが苦手な子どもの場合では，文字を音に変えて読む段階でつまずいてしまい時間がかかることがあります。また，文字の形を覚えていない場合には，1文字を書くのに何度も見本を確認する必要があるでしょう。そうすると，文字の形を覚えている子どもに比べて書き写しにたくさんの時間がかかってしまいます。また，鉛筆の操作がうまくできないといった手や指のコントロールの苦手さが原因になっている場合もあります。

このように，同じ症状でもその原因はさまざまです。読み書きの苦手さが原因であるならば，個別に学習指導することが必要でしょう。注意力・集中力の課題があるならば，集中しやすい環境の整備や課題の工夫が必要な場合もあります。医療機関への受診なども，必要に応じて考慮しなければいけません。原因に合わせた適切な対応をすることが必要です。

また，見る力（視機能・視覚認知）に弱さがある，という場合にも具体的にどの機能に弱さがあるのかを評価し，評価に基づいた配慮やトレーニングが必要です。本書ではトレーニングをメインに紹介しますが，弱さがあっても学習を積み上げていけるよう，合理的配慮を行うことは必須です。合理的配慮については，「3　ビジョントレーニングと組み合わせるべき合理的配慮」（p.17）でふれることにします。

2.アセスメントに使われる検査

「見る力」のアセスメントには，さまざまなものが使われますが，ここでは「『見る力』を育てるビジョン・アセスメント「WAVES」」（学研教育みらい，2014）について取り上げて説明します。それ以外のものは検査名と簡単な紹介にとどめます。詳細については，それぞれ別にあげた書籍等を参考にしてください。

WAVESは小学1年生から6年生までを対象とした検査です。日本で開発，標準化され2014年に発売されています。眼球運動，視覚認知，目と手の協応の能力を評価することができます。個別での実施が前提とされる検査が多いなかで，この検査は集団つまりクラスで一斉に検査をすることができるため，スクリーニング検査としても利用することができます。集団で実施する場合の所要時間は60分程度，個別実施の場合は45分程度です。

検査は基本検査と補助検査で構成され，それぞれの検査が評価している機能と検査内容は表3のようになっています。基本検査はすべて時間制限が設けられていますので，通常の授業などある程度のスピードが求められる場面で各能力を発揮できているかを評価することができます。

補助検査は「4.形あわせ」〜「9.形うつし」のうちの1つまたは複数で成績低下が顕著であった場合に，より基礎的な能力について評価するために設けられています。

表3　WAVES の下位検査

基本検査	下位検査	評価している機能	検査内容
	1．線なぞり	目と手の協応 運筆の際の視覚と連動した手や指の比較的大きな動き	枠からはみ出さないように鉛筆で直線を引く
	2．形なぞり	目と手の協応 運筆の際の視覚と連動した手や指の比較的小さな動き	枠からはみ出さないように鉛筆で丸，三角，四角をなぞる
	3．数字みくらべ	視覚的注意と眼球運動 対象に意識を向け視線を移動させる速度と正確性	規則的に並んだ数字列と不規則に並んでいる数字列で数字を見比べ，同じか違うかを回答する
	4．形あわせ 5．形さがし 6．形づくり	視知覚速度 形の違いを素早く見分ける力 4→弁別，5→図と地，6→形態完成	1分間の制限時間内に提示された図形と同じ形を選択する
	7．形みきわめ	視知覚分析 細かい形の違いをじっくりと見て正確に見分ける力	提示された図形と同じ形を選択する
	8．形おぼえ	視覚性記憶 形や空間に関する情報を覚える力	提示された図形を一定時間見て覚え，選択肢から覚えた形を選択する
	9．形うつし	図形構成 図版を見てかき写す力	見本と同じ形を同じ場所に同じ大きさでかく
補助検査	10．大きさ，長さ，位置，傾き	要素的視知覚分析 図形を見分ける際に必要となる形の要素を見分ける力	見本と同じ大きさ，長さ，位置，傾きのものを選択する

「『見る力』を育てるビジョン・アセスメント「WAVES」ガイドブック」（奥村，2014）p.19から改変

　WAVES の結果から，どの領域に弱さがあるか分かったら，それに基づいてどのようなトレーニングを行うかを検討し，子どもに実施します。ビジョントレーニングの進め方や組み合わせについては2章以降を参考にしてください。

　表4にその他の検査を紹介しています。

表4　その他の検査

NSUCO（Northeastern State University College of Optometry）

対象：5歳0か月～14歳11か月

目的：追従性眼球運動，衝動性眼球運動を評価する。

課題：追従性眼球運動は子どもの目から40cm離した距離で，直径20cmの円を描くようにゆっくり動かされている1つの指標を目で追いかける。衝動性眼球運動は子どもの目から40cm離した距離で，水平方向に20cmほど離して提示された2つの指標の言われた方を見る。

詳細：『学習につまずく子どもの見る力』奥村智人ほか編著（明治図書，2010）

近見・遠見数字視写検査

対象：6歳0か月～14歳11か月

目的：眼球運動，視覚認知，目と手の協応など複数の能力を必要とする文字列を見て書き写す視写能力を測定する。

課題：近見（手元）と遠見（3m遠方）において6行×6列の数字の表をなるべく速く，正確に，枠からはみ出さないように書き写す。

検査用紙ダウンロード：http://www.at-school.jp/knock2/

詳細：「近見・遠見数字視写検査の有効性と再現性─視写に困難を示す児童のスクリーニング検査作成─」奥村智人・若宮英司・三浦朋子他『LD研究』16(3)，323－31（日本LD学会，2007）

DTVP-3（Developmental Test of Visual Perception-Third Edition）

対象：4歳0か月～12歳11か月

目的：目と手の協応，視覚認知の能力を評価する。

課題：Eye-Hand Coordination（目と手の協応），Copying（模写），Figure-Ground（図と地），Visual Closure（視覚形態完成），Form Constancy（形の恒常性）の5つの下位検査から構成される。

詳細：日本では標準化作業中。現状は海外で販売されている英語版を使用。購入先はPRO-ED, Inc.（http://www.proedinc.com）

TVPS-4（Test of Visual Perceptual Skills-Forth Edition）

対象：5歳0か月～21歳11か月

目的：視覚認知の能力を評価する。

課題：Visual Discrimination（視覚弁別），Visual Memory（視覚記憶），Spatial Relationships（空間関係），Form Constancy（形の恒常性），Sequential Memory（視覚連続記憶），Visual Figure-Ground（図と地），Visual Closure（視覚形態完成）の7つの下位検査から構成される。すべて運動を伴わない課題。

詳細：日本では標準化されておらず，アメリカ人で標準化された英語版が海外で販売されている。購入先はPRO-ED, Inc.（http://www.proedinc.com）

〈参考文献〉

「『見る力』を育てるビジョン・アセスメント「WAVES」」奥村智人・三浦朋子著，竹田契一監修（学研教育みらい，2014）

3 ビジョントレーニングと組み合わせるべき合理的配慮

1. 合理的配慮とは

　2016年4月から障害を理由とする差別の解消の推進に関する法律（以下，差別解消法）が施行されました。これにより公立の学校では，合理的配慮を提供することが義務付けられました（私立の学校では努力義務です）。障害者の権利に関する条約の第2条において合理的配慮とは「障害者が他の者との平等を基礎として全ての人権及び基本的自由を享有し，又は行使することを確保するための必要かつ適当な変更及び調整であって，特定の場合において必要とされるものであり，かつ，均衡を失した又は過度の負担を課さないものをいう」と定義されています。ある弱さをもった子どもが他の子どもと同じように学習・生活するために，それを妨げている困難がある場合には「適当な変更及び調整」をして可能にするということです。

　見方によっては特別扱いとか甘やかしているととられがちですが，例えば視力の悪い人は眼鏡をかけます。この人に「それは特別扱いだから眼鏡をかけてはいけない」とか「眼鏡をかけるなんて甘えている」などとは言わないでしょう。眼鏡をかけることで他の人と同じスタートラインに立つことができます。大切なことは，「学習の本質」は何かということです。例えば，算数の筆算を学ぶときに，「計算問題を筆算の形式に書き写すこと」や「縦横がずれないように数字を書くこと」が学習の本質ではなく，暗算では難しい「計算を筆算を使ってスムーズにできるようになること」が学習の本質であるはずです。ならば書き写さなくてもいい問題形式に変更したり，縦横がずれないようにマス目の用紙を準備したりすることは「特別扱い」ではなく，スタートラインをそろえるための「必要な変更及び調整」であるといえます。

　一方で，定義に「均衡を失した又は過度の負担を課さないものをいう」とあります。この「負担」は合理的配慮を提供する側，つまりここでは学校側になると思いますが，学校に過度な負担にならないことです。例えば車椅子を使って移動する子どもが，「3階のクラスの教室に行くのは大変なのでエレベーターを設置してください」とお願いしたとします。財政的に可能ならばエレベーターの設置をしてもらえるでしょう。しかし，財政的にとても無理，という場合には過度な負担となりますので，エレベーターを設置しなくても合理的配慮の提供義務違反とはいえません。ただし，エレベーターは無理だけれども，自分で移動できるように，クラスの教室を1階に設置する，ということは提案できるでしょう。このように，合理的配慮を求める場合には学校側との話し合いにより，ちょうどよい落としどころを見つけることが大切です。

　さて，「見る力」の弱さをもっている子どもに対し，トレーニングによって弱い部分を伸ばすことも大切ですが，トレーニングによって弱さを完全になくすのは難しいことです。そのようなときには，他の子どもと同じスタートラインに立って学習・生活をするために，「適当な変更及び調整」を行うことが大切です。

1章　ビジョントレーニングを始めるための基礎知識　17

次にこの「適当な変更及び調整」にはどのようなものがあるのかを紹介していきます。目の前の子どもに合う合理的配慮を見つけるヒントにしてください。

〈工夫された文房具の例〉

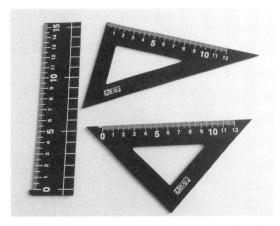

黒地に白い文字・目盛りで読みやすい定規・三角定規
(「ロービジョンスケール」「ロービジョン三角定規」大活字)

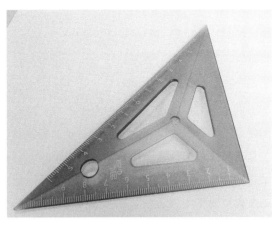

立体的な形をした定規
(「グリフィットセットスクエア」リネックス社)

ソプラノリコーダーの穴を押さえやすくするシール
(「ふえピタ」アイディア・パーク)

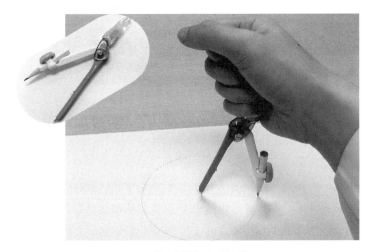

握って書けるコンパス
(「くるんパス」ソニック)

2．眼球運動の弱さに対して

　ここでは，視機能の弱さに対して考えられる合理的配慮について紹介します。視機能には，「1　視機能・視覚認知とは」で説明したように視力や両眼視，調節，眼球運動とさまざまな能力がありますが，ここからは眼球運動に絞って説明します。

　眼球運動の弱さがある場合には，どのようなつまずきが出やすかったでしょうか。本を読む際にどこを読んでいるか分からなくなってしまったり，板書や手元の資料をノートに書き写すのに時間がかかってしまったりします。このような場合には，どのような配慮が考えられるでしょうか。

　本を読む際は指でたどったり，定規などを当てたりして読んでいる箇所を見失わないようにするのが目立たず，取り入れやすいと思います。一般的な指導として，音読をする際には教科書を「両手で持って」読むということがあると思いますが，指で文字をたどったり，定規を当てたりしやすい状態にすることを優先し，机に教科書を置いて読むことを促します。文字やスペースが大きい方が読みやすいこともあるので，拡大教科書を利用することも考えられます。

　また，眼球運動の問題に加え，読みにも苦手さがある場合は指で追うだけでは読めるようにはなりません。そういった場合には，言葉のまとまりが分かりやすいように文節ごとにスラッシュを入れたり，読めない漢字にふりがなを振ったりする方法があります。それでも難しい場合には，大人が読み上げたり，読み上げソフト（DAISY など）を利用したりして，目から情報を入れるのではなく，耳から情報を入れることも考慮する必要があるでしょう。

　板書をノートに書き写す場面では，まず板書の内容が整理して書かれていることが大切です。重要な部分は枠で囲う，余白を十分取る，文字は適切な大きさで書くといったことや，注目してほしい部分や重要な部分は小黒板やプロジェクターなどを利用し，別の場所に提示するといったこともノートの取りやすさや理解のしやすさにつながります。また黒板のような遠い場所のものを写すよりも手元のものを写す方が負担は軽減されますので，手元に写すべき内容をプリントやタブレット PC などで提示する方法も考えられます。重要な語句のみを書けばノートが完成する，というようなプリントを使用するといったことは，授業を受ける他の子どもにとっても先生の話をじっくり聞くことができる方法です。書くことの苦手さが大きく，書くことを要求すると話を聞いたり，授業の内容を考えたりできない場合には，デジカメやタブレット PC などで板書を撮影して持ち帰る方法も検討が必要です。

　テストにおいても，問題用紙と解答用紙が別々になっていると，どこに解答を書いていいか混乱することがあります。問題用紙に直接解答を書き込めるとよいでしょう。計算ドリルなどもドリルに直接書き込める場合はすぐに終わるのに，「問題をノートに写して」となると倍以上の時間がかかる子どももいます。「計算」の練習ならば，「計算」だけにエネルギーが注げるように書き込み式の問題を利用することが目的にかなった方法ではないでしょうか。

1章　ビジョントレーニングを始めるための基礎知識　19

3. 視覚認知の弱さに対して

　視覚認知に弱さがある場合，漢字を覚えることや算数の図形問題，地図の読み取りなどが苦手になることがあります。

　漢字は学年が上がってくると特に形が複雑になり，視覚認知の弱さがある子どもでは漢字の形を正確に捉え，書き写したり，覚えたりすることが難しくなることがあります。そのような際に，漢字をパーツ別，部首別に色分けして示すことで形が捉えやすくなることがあります。また，漢字を何度も繰り返し書いても形のイメージが頭に残りにくいため，形ではない手がかり，例えば漢字の成り立ちや意味を知ったり，聴覚的な記憶がよい場合は語呂合わせで覚えたりした方が，効率的に漢字を覚えられる場合があります。漢字をノートに１ページ書くという宿題の代わりに，例えば，漢字は２，３個書き，それ以外は意味を調べてくる，自分で覚えやすいような漢字のパーツ分けを考えてくるといった課題にすることも本人の特性に合わせた合理的配慮といえるでしょう。

　算数の図形問題は，視覚認知の弱さが大きく影響する部分です。紙の上に書かれた形について，言葉で解説されてもなかなか理解にはつながりません。実際に厚紙などで同じ形を作って，子どもに具体物を使って操作させて，子ども自身が指や手の触覚や運動から形や位置関係を認識できるように促しましょう。立体についてはさらに難易度が増し，紙に描かれた形だけではどのような形なのか，また見えない部分はどうなっているのかをイメージすることは非常に困難になります。可能な範囲で模型などを用意し，形や指示されている辺や頂点がどこなのか確認できるとよいでしょう。視覚認知の弱さの度合いによっては，最終的なゴールを調整することも必要となります。

　地図を使った授業も，配慮が必要となる場合があります。たくさんの情報が書かれていると，図（注目しないといけない情報）と地（背景として無視しないといけない情報）を区別することが苦手な子どもでは，地図からうまく情報を見つけ出すことが難しくなってしまいます。必要な情報のみに絞った地図を利用する，注目すべき情報に色をつけたり太字にしたりして強調するなどの工夫によって情報を読み取りやすくすることができます。

4. 目と手の協応の弱さに対して

　目と手の協応に弱さがある場合，文字を書くと形が崩れる，マスからはみ出す，定規，分度器，コンパスを上手に使えない，鍵盤ハーモニカやリコーダーをうまく演奏できないといった特徴がよく聞かれます。また，ハサミの使い方にも苦労している場合が多いようです。

　「定規で線を引く際に，非利き手で定規を押さえ，利き手で鉛筆を持って線を引く」という

とき，定規がずれてしまってうまく線が引けないということがあります。定規そのものをずれにくくすれば書きやすくなるケースがあります。「ナノピタ」（ソニック）やSTADの「カラー定規」「ブラック直線定規」（クツワ）など滑り止め加工されているものを利用したり，手持ちの定規にビニールテープを貼ったり，修正テープをつけて滑りにくくしたりすることができます。購入される場合には，数字や目盛りの読みやすさも考慮しましょう。数字が大きく書いてあったり，消えないように加工されていたり，目盛りの長さを変化させて読み取りやすくしてあったりするものがあります。子どもと一緒に確認しましょう。また，線を引くだけであれば，定規の代わりに三角定規を使ったり，下敷きを使ったりするというのも方法です。手のひら全体で押さえることができるため，指先だけに力を入れることが難しい場合でも，ずれることなく線を引くことができます。手で操作しやすいように立体的な形をした定規「グリフィットセットスクエア」（リネックス社，p.18）も販売されています。

　コンパスも「円を描いている途中で針が外れてずれてしまう」「芯が浮いて円が描けない」「指先でうまく回転させられない」と，保護者の方からご相談を受けることの多い教具です。よくご紹介するのは，「くるんパス」（ソニック，p.18）という，握って回すことで円を描くことのできるコンパスです。通常のコンパスで苦労していた子どもが「これなら描ける」と使ってくれることがあります。

　リコーダーの穴をうまくふさげない，というケースには，うおのめパッドを貼りつけるという方法があります。力が弱くても押さえやすくなり，押さえている感覚も分かりやすくなります。「目立つのがどうも…」という場合，「ふえピタ」（アイディア・パーク，p.18）というソプラノリーコーダー用演奏補助シールというものもあります。また，穴の周りに接着剤などを塗り乾かすと，少し盛り上がって穴の位置を感じ取りやすくなり，うまくふさぐ助けになります。

　インターネットで検索すると，さまざまなアイデアや商品の紹介がありますので探してみてください。

家庭・教室でできる
〈プチ〉ビジョントレーニング

1 ビジョントレーニングのアイデア

ページ構成について

　次のページから具体的なビジョントレーニングの方法を紹介していきます。ページの構成は初期段階の活動から高度な活動に並ぶようにしていますが，同じ道具を使って行えるものをまとめてありますので，厳密に易しいものから難しいものへ並んでいるわけではありません。また，子どものこれまでの経験や能力，特性によって難易度が変わることもありますので，取り組み方をよく観察して，個々の特性やレベルに合わせたトレーニングを行うように調整しましょう。

　それぞれのトレーニングにはタイトルの横に目 CC，形 😊，手 ✋ のイラストとレベルを表す星 ★ がついています。目は眼球運動，形は視覚認知，手は目と手の協応を表しています。星はそれぞれの領域の能力をどの程度必要としているか，つまりどの程度難易度の高い活動かを示しています。星がついていないものは，その領域の能力とはほとんど関係がないということになります。

　◆ 必要なもの では，著者らが日頃使っている道具を紹介しています。書かれているものとまったく同一のものを用意する必要はありませんが，トレーニングの目的から外れないように道具を用意するようにしてください。

　❀ やり方 では，基本的な活動を説明しています。その際，子どものどのような部分を注意したらトレーニングを効果的に進めることができるかを ！ ポイント で説明しています。基本的な活動が難しい場合の対応についてふれている場合もあります。

　基本的な活動をアレンジすることで，少しトレーニングをレベルアップすることができます。このアイデアについては レベルアップ で説明しています。紹介したもの以外にもぜひご自分で工夫して，楽しんで取り組めるものにしてみてください。

　すべてのページで道具やトレーニング風景などの写真を掲載し，分かりやすくなるように努めています。写真だけでは伝わりにくいものは，インターネット上に動画を用意しています。アドレスまたは QR コードがあるものは，読み取ってアクセスし，参考にしてください。

　また，スラップタップ，コラムサッケードの見本用紙は，本書巻末（p.112〜）に掲載しています。各見本用紙がＡ４サイズになるよう拡大コピーしてお使いください。

❶くるくるチャイムⅠ

動画 http://meijitosho.co.jp/redirect/261814/1

◆ **必要なもの** くるくるチャイム（くもん出版），トレインカースロープ（ベック社）など

✿ **やり方** 大人は，子どもの体の正面，机の上に「くるくるチャイム」を置きます。付属のボールを子どもの手の届く範囲で机の上に並べ，子どもは自分でボールを取って穴に入れます。

❗ **ポイント** ボールを取る際に子どもがボールを見ていない様子であれば，大人は，見るように声かけをしましょう。

　ボールを穴に入れる際，子どもが穴を見ていない様子であれば，見るように声かけをしたり，穴を大人の手でふさいでしまったりして，見るように促しましょう。

　くるくるチャイムの中をボールが動いていく間，目で追っているか確認しましょう。子どもが見ていない様子であれば見るように指さしたり声かけをしましょう。

⚡ **レベルアップ** 子どもが両手を使ってボールを取っている場合は，片手だけで操作するようにします。また，利き手だけでなく，非利き手だけを使って操作する練習もしましょう。

> ボールが落ちてくるのを一緒に見て楽しみましょう

ボールをしっかり見ているか確認しましょう

トレインカースロープなども活用できます

2章　家庭・教室でできる〈プチ〉ビジョントレーニング　25

❷ くるくるチャイムⅡ

動画 http://meijitosho.co.jp/redirect/261814/2

必要なもの くるくるチャイム（くもん出版），トレインカースロープ（ベック社）など

やり方 子どもの体の正面，机の上に「くるくるチャイム」を置きます。大人は，「はい」と言いながらボールを渡しますが，上下左右いろいろな方向に提示します。子どもはボールを受け取り，穴に入れます。大人は，ボールが下まで落ちてから次のボールを渡しましょう。

ポイント ボールを取る際に子どもがボールを見ていない様子であれば，大人は，見るように声かけしたり，わざとボールを移動させて見たのを確認してから渡しましょう。

ボールを穴に入れる際，子どもが穴を見ていない様子であれば，見るように声かけをしたり，穴を大人の手でふさいでしまったりして，見るように促しましょう。

くるくるチャイムの中をボールが動いていく間，目で追っているか確認しましょう。子どもが見ていない様子であれば，見るように指さしたり声かけをしましょう。

レベルアップ 大人は，ボールを渡す前にボールを動かしたり，机の上を転がしたりして，子どもが目で動きを追いかけるよう促してみましょう。

ボールを受け取り，穴に入れる手を決めてやってみましょう。左側に提示されたボールを右手で取ったり，右側に提示されたボールを左手で取るなど腕の動きが広がります。

ボールを渡す際に，ボールを見ているか確認しましょう

机の上でボールを転がして，子どもに取らせてもよいでしょう

❸ くるくるチャイムⅢ

トレーニングレベル
👀 ★☆☆
😊 ☆☆☆
✋ ★☆☆

📹 http://meijitosho.co.jp/redirect/261814/3

◆ **必要なもの** くるくるチャイム（くもん出版），トレインカースロープ（ベック社），バランスボードなど

🌸 **やり方** くるくるチャイムを机の上に置きますが，子どもの右側や左側など正面ではないところに置きます。大人は「はい」と言いながら子どもにボールを渡します。上下左右いろいろな位置に提示します。例えば，ボールを右側でもらって左側に置いてあるくるくるチャイムに入れるなど，広い範囲を使って行いましょう。

❗ **ポイント** ボールを取る際に，子どもがボールを見ていない様子であれば，大人は，見るように声かけしたり，わざとボールを移動させて見たのを確認してから渡しましょう。ボールを穴に入れる際，穴を見ていない様子であれば見るように声かけをしたり，穴を大人の手でふさいだりして，見るように促します。くるくるチャイムの中をボールが動いていく間，目で追っているか確認し，見ていない様子であれば見るように指さしたり声かけをしましょう。

⚡ **レベルアップ** 大人は，ボールを渡す前にボールを動かしたり，机の端から転がしたりして，子どもが目で動きを追いかけるよう促しましょう。ボールを受け取り，穴に入れる手を決め，利き手，非利き手両方やってみたり，立ったり，バランスボードに乗ったりしましょう。

くるくるチャイムが置いてあるのとは違う方向で，ボールを取ってみましょう

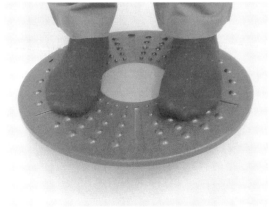

バランスボードに乗って，体のバランスを保ちながら取り組んでみましょう

2章　家庭・教室でできる〈プチ〉ビジョントレーニング　27

❹ ぬいぐるみをつかまえよう I

動画 http://meijitosho.co.jp/redirect/261814/4

♦ **必要なもの** タコ糸などで上からつるしたぬいぐるみ，柔らかいボールなど，バランスボードなど

🔧 **やり方** 子どもは立って，または椅子に座って取り組みます。大人は天井からつるしたぬいぐるみを左右に揺らします。子どもはぬいぐるみを目で追いかけ，大人が合図をしたら利き手でタッチしたり，両手でつかまえたりします。

❗ **ポイント** 大人は，子どもがぬいぐるみの動きを見ている（顔や体の動きが大きく伴うことなく目で見て追うことができている）か確認しましょう。見ていないときは見るようにぬいぐるみを指さしたり，声かけしたりしましょう。

⚡ **レベルアップ** 非利き手でもタッチしてみましょう。ぬいぐるみのどの部分（口，右手，左足など）にタッチするのか指示するとより難しくなります。

サイズが小さいものならば，片手でつかまえるようにすると，よりタイミングが大切になります。

バランスボードに乗って取り組んでもよいでしょう。

好みのキャラクターを使って

ぬいぐるみを目で追うことができているか，確認しましょう

頭や体が大きく動かないように注意します

❺ぬいぐるみをつかまえようⅡ

動画 http://meijitosho.co.jp/redirect/261814/5

◆ **必要なもの** タコ糸などで上からつるしたぬいぐるみ，柔らかいボールなど，大きめのいれもの（かご，バケツなど），バランスボードやバランスドーナツ

🌸 **やり方** 子どもは立って，または椅子に座って取り組みます。大人は天井からつるしたぬいぐるみを左右に揺らします。子どもはぬいぐるみを目で追いかけ，大人が合図をしたら両手で持ったいれものに入れてキャッチします。

❗ **ポイント** ぬいぐるみの動きは小さめから始め，少しずつ大きくしましょう。
　大人は，子どもがぬいぐるみの動きを見ながら，ぬいぐるみの動きに合わせていれものを動かすことができているか確認しましょう。見ていないときは見るようにぬいぐるみを指さしたり，声かけしたりしましょう。

🔺 **レベルアップ** ぬいぐるみの動きを左右だけではなく，いろいろな方向に動かしてみましょう。
　バランスボードやバランスドーナツなどに乗って取り組んでもよいでしょう。

いろいろないれものを使って

タイミングを合わせてキャッチできるようにしましょう

バランスボード，バランスドーナツなどに乗って取り組んでもいいでしょう

2章　家庭・教室でできる〈プチ〉ビジョントレーニング　29

❻ ぬいぐるみをつかまえよう Ⅲ

トレーニングレベル

👀 ★☆☆
😊 ★☆☆
✋ ★★☆

QRコード

📹 動画　http://meijitosho.co.jp/redirect/261814/6

◆ **必要なもの**　タコ糸などで上からつるしたぬいぐるみ，柔らかいボールなど，丸い形にした針金ハンガー，ラケットの枠など，バランスボードやバランスドーナツ

✿ **やり方**　子どもは立って，または椅子に座って取り組みます。大人は天井からつるしたぬいぐるみをゆっくり揺らします。子どもはぬいぐるみを目で追いかけ，大人が合図をしたら両手で持った針金ハンガー（丸い形にしたもの）を，ぬいぐるみに触れないように注意しながら下から上，上から下へと移動させます。

❗ **ポイント**　難しい場合は，揺れていないぬいぐるみで練習してみましょう。
　大人は，ぬいぐるみを目で追いかけながら，ぬいぐるみの動きに合わせて針金ハンガーの動きをコントロールできているか確認しましょう。

⚡ **レベルアップ**　片手（利き手・非利き手）でも取り組んでみましょう。またバランスボードやバランスドーナツなどに乗って取り組んでもよいでしょう。

> 好みの音楽のリズムに合わせて

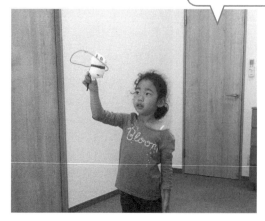

タイミングを合わせてキャッチできるようにしましょう

バランスボード，バランスドーナツなどに乗って取り組んでもいいでしょう

❼目のたいそう ゆっくり

♦ **必要なもの** キャラクターの付いた筆記用具や直径8mm程度の大きさのビーズに竹串を刺したものなどを1本,バランスボード

✿ **やり方** 子どもは椅子に座ります。大人は,ターゲットを子どもの正面,目の高さで,顔から40cm離したところに用意します。ターゲットをゆっくりと上下,左右,斜め,丸(円を描く)など約40cm四方の範囲で動かします。その他にもいろいろな動きをしてみましょう。子どもはターゲットを見失わないように目で追いかけます。

たまに合図に合わせて,ターゲットを人さし指でタッチすると集中しやすいでしょう。30秒程度続けます。

❗ **ポイント** 大人は,子どもがターゲットを見続けているか,目の動きに伴って頭が動いていないか注意します。狭い範囲から始めて少しずつ範囲(目が動く範囲で)を広げましょう。

⚡ **レベルアップ** 立った姿勢やバランスボードに乗って行ってみましょう。
簡単な質問(「今日は何月何日?」「2+3=」など)に答えながら行ってみましょう。

光ったり音が出たりするターゲットでも

子どもの興味のある物をターゲットに使いましょう

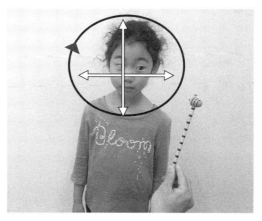

ターゲットを見つめ続けているか,頭が動いていないか注意しましょう

2章 家庭・教室でできる〈プチ〉ビジョントレーニング 31

❽目のたいそう はやい

動画 http://meijitosho.co.jp/redirect/261814/8

◆**必要なもの** キャラクターの付いた筆記用具や直径8mm程度の大きさのビーズに竹串を刺したものなどを2本，バランスボード

✿**やり方** 子どもは椅子に座ります。大人は，ターゲットを子どもの正面，目の高さで，顔から40cm離したところに用意します。ターゲットの間隔は20～30cm程度で水平・垂直・斜め方向に用意します。大人が片方のキャラクター名（または色）を言ったら，子どもはそのキャラクター（または色）に視線を動かし，見続けます。大人が他方のキャラクター名（または色）を言ったら，子どもは視線を言われた方に動かし，次の合図まで見続けます。

　各方向3～5往復行いましょう。

❗**ポイント** 大人は，子どもがターゲットを見続けているか，目の動きに伴って頭が動いていないか注意します。

　狭い範囲から始めて少しずつ範囲（目が動く範囲で）を広げましょう。

⚡**レベルアップ** 立った姿勢やバランスボードに乗って行ってみましょう。

　メトロノームなど，リズムに合わせて目を動かしてみましょう。

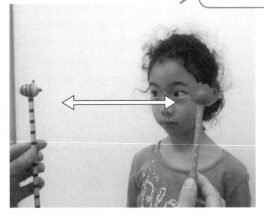

水平方向に

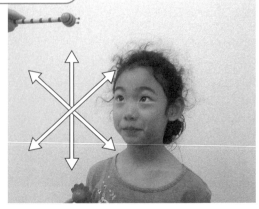

垂直方向に。その他，斜めにも動かしましょう

❾ビー玉迷路Ⅰ

動画 http://meijitosho.co.jp/redirect/261814/9

◆**必要なもの** ビー玉迷路（knock knock 視覚発達支援トレーニングキット）

❀**やり方** 子どもは椅子に座り，青色の面を上にして1から10まで順番に迷路を進みます。手や肘を机から離して行うように気を付けます。

❗**ポイント** 迷路を回転させないように注意します。
　子どもがビー玉の動きを目で追えているか確認しましょう。また子どもが体を大きく動かしている場合は，大人が正面（または背面）から両手を添えて一緒に迷路を動かし，力加減などを練習しましょう。

⚡**レベルアップ** 立って行ってみましょう。
　色の異なるビー玉を2つ用意して（赤と青など），赤色のビー玉は1から，青色のビー玉は10から始めるようなルールに設定するとゲーム性が高まります。

好みの色のビー玉を使って

ビー玉迷路（青色の面）

持つ場所を決めて，迷路を回転させないようにしましょう

2章　家庭・教室でできる〈プチ〉ビジョントレーニング　33

❿ビー玉迷路Ⅱ

動画 http://meijitosho.co.jp/redirect/261814/10

トレーニングレベル ★☆☆ ★☆☆ ★★☆

◆ **必要なもの** ビー玉迷路（knock knock 視覚発達支援トレーニングキット）

❀ **やり方** 子どもは椅子に座り，赤色の面を上にして1から12まで順番に迷路を進みます。手や肘を机から離して行うように気を付けます。

❗ **ポイント** 迷路を回転させないように注意します。

　子どもがビー玉の動きを目で追えているか確認しましょう。また子どもが体を大きく動かしている場合は，大人が正面（または背面）から両手を添えて一緒に迷路を動かし，力加減などを練習しましょう。

⚡ **レベルアップ** 立って行ってみましょう。

　また，大人がいくつかの数字をランダムに言い，その数字を覚えておいて，順番通りに進みましょう。ほかのこと（記憶しておくこと）にも注意を向けながら，物の動きに注意を向ける練習になります。

大人も一緒にチャレンジ！

ビー玉迷路（赤色の面）

溝が浅いので，細かな動きが必要になります

感覚がつかめないときは，大人が手を添えて練習してみましょう

⑪ ビー玉迷路 Ⅲ

動画 http://meijitosho.co.jp/redirect/261814/11

◆ **必要なもの** ビー玉迷路，ビー玉ジグザグ（共に knock knock 視覚発達支援トレーニングキット），バランスボード

❀ **やり方** 子どもはバランスボードの上に立ち，ビー玉迷路の青色または赤色の面を上にして1から10または1から12まで順番に迷路を進んだり，言われた数字の順番に迷路を進みます。

机や壁などにはもたれないように気を付けます。

❗ **ポイント** バランスボードにバランスをとって立つことができることを，大人が確認してから行いましょう。体のバランスをとりながら，ビー玉の動きをコントロールできるように練習しましょう。

📈 **レベルアップ** ビー玉ジグザグでもやってみましょう。ビー玉ジグザグの側面は，色のついた浅い溝にビー玉を止める練習ができるようになっています。ビー玉迷路よりもより微妙な傾き具合のコントロールが必要になります。

> ビー玉を2つ同時に乗せてチャレンジ！

ビー玉ジグザグ

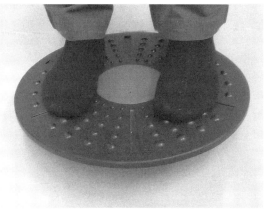

バランスボードに乗ってやってみましょう

2章 家庭・教室でできる〈プチ〉ビジョントレーニング

⑫ボールキャッチⅠ

動画 http://meijitosho.co.jp/redirect/261814/12

◆ **必要なもの**　ボール（ピンポン玉），大きめのいれもの（箱，コップなど）1個

やり方　子どもは机の前の椅子に座り，大きめのコップを両手で持ちます。大人は机の反対側からボールを子どもの方へ転がします。子どもは，机の端でボールが落ちないようにコップでキャッチします。1個キャッチできてから次のボールを転がします。

　大人は，子どもの構えているところへ転がして机とコップの距離感が分かってから，いろいろな場所に転がしてあげましょう。

ポイント　ボールを転がす前に大人の手元を見ているか確認してから転がしましょう。また，大人の手を離れてからコップに入るまでボールの動きを目で追うように声かけをしましょう。

レベルアップ　両手でできるようになったら，片手でコップを持ってキャッチしてみましょう。必要であればコップは片手で持てるものに交換し，利き手，非利き手どちらも行いましょう。ボールを返してもらうときに，わざと手をいろいろな場所に出して，子どもに大人の手を見て返す，という癖を付けさせましょう。

> スーパーボール，テニスボールなどいろいろなボールで

まずは両手でいれものを持ってやってみましょう

片手でいれものを持ってやってみましょう

⓭ボールキャッチⅡ

🎥 動画 http://meijitosho.co.jp/redirect/261814/13

◆ 必要なもの ビー玉数個, コップ2個

❀ やり方 子どもは机の前の椅子に座り, 片手に1個ずつコップを持ちます。大人は机の反対側からビー玉を子どもの方へ転がします。子どもは, 机の端でビー玉が落ちないようにコップでキャッチします。ビー玉1個をキャッチできてから次のビー玉を転がします。

❗ ポイント ビー玉を転がす前に, 大人の手元を見ているか確認してから転がしましょう。また, 大人の手を離れてからコップに入るまでビー玉の動きを目で追うように声かけをしましょう。

🔺 レベルアップ 1個ずつキャッチすることができるようになったら, ビー玉をキャッチする前に次のビー玉を転がして, 連続してキャッチしてみましょう。

ビー玉の色を2色用意し, 色分けしてキャッチしてみましょう。右手を左側へ伸ばすなど腕の動きが広がります。

ビー玉を返してもらうときに, わざと手をいろいろな場所に出して, 子どもに大人の手を見て返す, という癖を付けさせましょう。

> 子どもが転がす役もしてみましょう

ビー玉をしっかり目で追うように注意しましょう

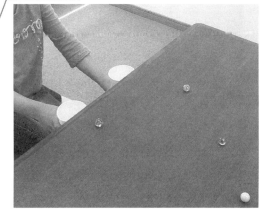
連続してキャッチできるかな

2章 家庭・教室でできる〈プチ〉ビジョントレーニング 37

⓮ボールキャッチⅢ

動画 http://meijitosho.co.jp/redirect/261814/14

◆**必要なもの** ビー玉数個，計量スプーン２個（柄のついているいれもの。洗濯洗剤やコーヒー豆の計量スプーンなどでも）

やり方 子どもは机の前の椅子に座り，片手に１個ずつ計量スプーンを持ちます。大人は机の反対側からビー玉を子どもの方へ転がします。子どもは，机の端でビー玉が落ちないように計量スプーンでキャッチします。連続して転がしたり，間を置いたりして変化をつけましょう。

ポイント ビー玉を転がす前に，大人の手元を見ているか確認してから転がしましょう。

レベルアップ ビー玉の色を２色用意し，色分けしてキャッチしてみましょう。右手を左側へ伸ばすなど腕の動きが広がります。

ビー玉を返してもらうときに，計量スプーンから直接手に乗せてもらいましょう。さまざまな場所に手を出して，大人の手を見て返すようにすると共に，手首を柔軟に動かすことにもつながります。

机の上に障害物を置いてみよう

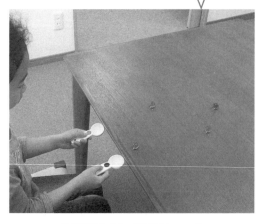

色を判断して，色別にキャッチ

大人の手がどこにあるか見てから，ビー玉を返してもらいましょう

⑮ボールキャッチⅣ

トレーニングレベル
👀 ★☆☆
😊 ★☆☆
✋ ★★☆

◆必要なもの ビー玉数個，コップなどのいれもの

✿やり方 ボールキャッチⅡと同様に行いますが，転がす役を子どもにしてもらいましょう。利き手，非利き手どちらでもやってみましょう。

❗ポイント ビー玉を持っている手から子どもにそのまま転がしてもらいます（左手に持っているビー玉を右手でつかんで転がしてはいけません）。
　大人は，指先でビー玉を持って転がしているか確認しましょう。

⚡レベルアップ 1個ずつ転がすことができるようになったら，片手に複数のビー玉を持ち，手の中からビー玉を指先に移動させて転がすようにしてみましょう。最初はしっかり指先に出てこなくても構いません。だんだん指先まで移動できるように取り組みましょう。

> 大人もビー玉を落とさないようにチャレンジ

指先でビー玉を持って，転がしましょう

手の中からビー玉を指先まで出してきます

2章　家庭・教室でできる〈プチ〉ビジョントレーニング　39

⑯ボールキャッチⅤ

動画 http://meijitosho.co.jp/redirect/261814/15

♦必要なもの 適当な大きさのお手玉・ボール,バランスボードやトランポリン,バケツ

❀やり方 子どもは,トランポリンで軽くジャンプを連続して行います。またはバランスボードに乗ってバランスを保ちます。大人は子どものそばに立ち,ボールを後ろ手に隠します。大人は,「はい」と合図をして子どもの正面にボールを提示します。子どもは提示されたボールを素早く見つけキャッチします。慣れてきたら,いろいろな方向にボールを提示しましょう。
　また子どもとの距離を徐々に離して,大人が投げたボールをキャッチしましょう。

❕ポイント 大人は,子どもがバランスボードに立っているときや,トランポリンでジャンプしているときの姿勢に注目しましょう。バランスが保てるようになってから,ボールキャッチに取り組みましょう。

⚡レベルアップ バケツを用意しましょう。そのバケツを目標にしてボールを投げ入れましょう。バケツまでの距離や高さなどを工夫したり,障害物を置いてバケツが直接(部分的に)見えないようにしたりしてみましょう。

> 何回連続でキャッチできるか
> チャレンジ!

トランポリン,
お手玉,バケツ

大人が投げたボールをキャッチ

バケツに投げ入れましょう

40

⑰ バランスゲームⅠ

◆ **必要なもの** バランスゲーム〔サボテンバランスゲーム（プラントイジャパン），お月さまバランスゲーム（エド・インター），ボトルチップス（平和工業），ジェンガ（タカラトミー）等〕

❀ **やり方** 子どもは椅子に座り，バランスゲーム本体とピースは机の上に置きます。利き手を使ってピースを差し込んだり，積み上げたりします。大人と交代で，または子ども同士で協力したり対戦したりして取り組みます。

❗ **ポイント** バランスゲーム本体を手で持って支えないように，大人は注意します。差し込んだり，積み上げたりする位置に注目しながら取り組むことができているか確認しましょう。バランスを保つために適切な位置を考えながらピースを差し込んだり積み上げたりできるように，必要に応じて声かけしましょう。

幼児や低学年の子どもには，次に差し込んだり，積み上げる位置を指定してもよいでしょう。

⚡ **レベルアップ** 非利き手でも取り組みましょう。

次に操作するピースを指定するために，大人が子どもにピースを手渡してもいいでしょう。その際に，いろいろな方向からピースを差し出して視線の移動を促しましょう。

左からサボテンバランスゲーム，ボトルチップス，お月さまバランスゲーム

バランスよく差し込んでいきます

2章　家庭・教室でできる〈プチ〉ビジョントレーニング　41

⓲ バランスゲームⅡ

♦必要なもの バランスゲーム〔サボテンバランスゲーム（プラントイジャパン），お月さまバランスゲーム（エド・インター），ボトルチップス（平和工業），ジェンガ（タカラトミー）等〕，バランスボード

✿やり方 子どもは椅子に座り，バランスゲームの本体とピースは机の上に置きます。利き手と非利き手を交互に使って親指と人さし指でピースをつまみ，差し込んだり，積み上げたりします。大人と交代で，または子ども同士で協力したり対戦したりして取り組みます。

!ポイント バランスゲーム本体を手で持って支えないように，大人は注意します。
　ピースをつまむ際に，親指と人さし指を使っているか確認しましょう。もし他の指を使っているようであれば，消しゴムなどを中指，薬指，小指側で握らせておくと，親指と人さし指だけを使って操作するように意識しやすくなります。不器用な子どもでは，親指と中指で物をつまむ傾向があります。

↟レベルアップ バランスボードに乗って取り組みましょう。
　次に操作するピースを指定するために，大人が子どもにピースを手渡してもいいでしょう。その際に，いろいろな方向からピースを差し出して視線の移動を促しましょう。

親指と人さし指を使って操作しましょう

次に操作するピースを大人が渡します

⑲ バランスゲームⅢ

◆必要なもの バランスゲーム〔サボテンバランスゲーム（プラントイジャパン），お月さまバランスゲーム（エド・インター），ボトルチップス（平和工業），ジェンガ（タカラトミー）等〕，ディスプレイ用の小型ターンテーブル

❀やり方 子どもは椅子に座り，バランスゲームはターンテーブルの上に，ピースは机の上に置きます。利き手と非利き手を交互に使って親指と人さし指でピースをつまみ，差し込んだり，積み上げたりします。大人と交代で，または子ども同士で協力したり対戦したりして取り組みましょう。

❕ポイント 回転するバランスゲームの動きに合わせて，ピースを差し込んだり積み上げたりすることができているか，大人は確認しましょう。

ピースをつまむ際に，親指と人さし指を使っているか確認しましょう。もし他の指を使っているようであれば，消しゴムなどを中指，薬指，小指側で握らせておくと，親指と人さし指だけを使って操作するように意識しやすくなります。

レベルアップ ピースを机の上にバラバラに配置しましょう。子どもは大人が指定したピースを素早く見つけて，差し込んだり積み上げたりするようにします。

ターンテーブルの例

ターンテーブルの上にバランスゲームを乗せてレベルアップ

（ターンテーブルの上にバランスゲームを置いて！）

⑳いちごケーキⅠ

♦必要なもの いちごケーキ（平和工業）

❀やり方 子どもは椅子に座り，いちごケーキの台といちご，ろうそくを机に並べます。そして，利き手の親指と人さし指でいちごやろうそくを1つずつつまんで，ケーキの穴に差します。

❗ポイント いちごを差す穴の位置や手元を子どもがしっかり見ているか確認しましょう。
　いちごやろうそくをつまむ際に，親指と人さし指を使っているか確認しましょう。もし他の指を使っているようであれば，消しゴムなどを中指，薬指，小指側で握らせることによって親指と人さし指を使うことに意識を向けやすくなります。

⚡レベルアップ 非利き手でも取り組みましょう。
　付属のサイコロを振って，出た目の色と同じ色の場所にいちごを差しましょう。

ろうそくを好きな場所に！

いちごケーキ

穴をしっかり見て，親指と人さし指を使って差し込みます

㉑ いちごケーキⅡ

トレーニングレベル
😊 ★☆☆
👥 ★☆☆
✋ ★★☆

> ♦ **必要なもの**　いちごケーキ（平和工業），ディスプレイ用の小型ターンテーブル

> ✿ **やり方**　子どもは椅子に座り，いちごケーキの台を机に置きます。大人はいろいろな方向からいちごやろうそくを渡します。子どもは，利き手の親指と人さし指でいちごやろうそくを1つずつつまんでケーキの穴に差します。非利き手でも同じように行います。

> ❗ **ポイント**　手渡すいちごやろうそくに子どもが注目しながら受け取ることができているか，確認しましょう。

いちごやろうそくをつまむ際に，親指と人さし指を使っているか確認しましょう。もし他の指を使っているようであれば，消しゴムなどを中指，薬指，小指側で握らせることによって親指と人さし指を使うことに意識を向けやすくなります。

> ⚡ **レベルアップ**　大人は，いちごやろうそくを渡す前にいろいろな方向に動かして，子どもに目で追わせてから手渡しましょう。目の動きを練習することができます。

ターンテーブルの上にいちごケーキの台を乗せて，回転させながらいちごを差すようにしましょう。

「大人と交代で楽しく」

回転するいちごケーキにタイミングを合わせていちごを差します

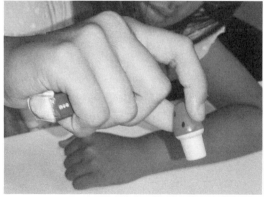

消しゴムを中指，薬指，小指側で握ると親指と人さし指を意識して使うことができます

2章　家庭・教室でできる〈プチ〉ビジョントレーニング

㉒いちごケーキⅢ

トレーニングレベル
👀 ★★☆
😊 ★☆☆
✋ ★★★

必要なもの いちごケーキ（平和工業），立方体の積木やコルク（上面に付属のサイコロと同じ色のシールや数字を書いたシールを貼る），ディスプレイ用の小型ターンテーブル

やり方 子どもは椅子に座り，積木やコルクを机に並べます。大人はいろいろな方向からいちごやろうそくを渡します。子どもは，利き手の親指と人さし指でいちごやろうそくを1つずつつまんで積木やコルクの上に乗せます。積木やコルクに色や数字のシールを貼っておいて，指定された場所を探して乗せるようにします。

ポイント 手渡すいちごやろうそくに子どもが注目しながら受け取ることができているか，確認しましょう。

いちごやろうそくをつまむ際に，親指と人さし指を使っているか確認しましょう。もし他の指を使っているようであれば，消しゴムなどを中指，薬指，小指側で握らせることによって親指と人さし指を使うことに意識を向けやすくなります。

レベルアップ 積木やコルクを不規則に配置したり，高さを変化させたり，ターンテーブルの上に乗せて回転させたりすると，難易度が上がります。

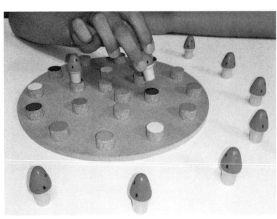

倒れないように上手に乗せます

自作のボードを作成

回転するボードにタイミングを合わせていちごを乗せます

㉓ スラップタップⅠ

動画 http://meijitosho.co.jp/redirect/261814/16

◆必要なもの スラップタップⅠ見本用紙（p.112），ビニールテープ，メトロノーム

やり方 スラップタップⅠ見本用紙をプリントアウトします。机の上に見本を置き，その下にビニールテープ40cmを縦に貼ります。

子どもは，○と線の組み合わせを横方向または縦方向に順番に見ていきます。○が線の右側にあるときは，テープの右側をたたきます。○が左側にあるときは，テープの左側をたたきます。○が線の上にあるときは，中央（テープの上）をたたきます。右手のみ，または左手のみで行います。

ポイント 子どもがスラップタップの見本を見落としなく順番に見るように，声かけしましょう。

速すぎず，遅すぎず，同じリズムでできるように気を付けます。

レベルアップ 両手で行います。○が線の右側にあるときは，右手でテープの右側をたたきます。○が左側にあるときは，左手でテープの左側をたたきます。○が線の中央にあるときは，両手を重ねてテープの上をたたきます。慣れてきたら，メトロノームの音に合わせてたたく練習にも挑戦してみましょう。

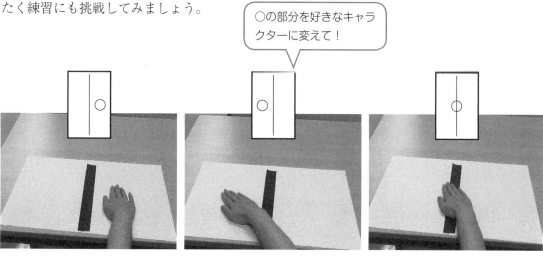

テープの右を　　　　テープの左を　　　　テープの中央を

○の部分を好きなキャラクターに変えて！

2章　家庭・教室でできる〈プチ〉ビジョントレーニング

㉔スラップタップⅡ

トレーニングレベル
★★☆
★★☆
★☆☆

動画 http://meijitosho.co.jp/redirect/261814/17

◆必要なもの
スラップタップⅡ見本用紙（p.113），ビニールテープ，メトロノーム

❀やり方
スラップタップⅡ見本用紙をプリントアウトします。机の上に見本を置き，その下にビニールテープ40cmを縦に貼ります。

子どもは，○と□と線の組み合わせを横方向または縦方向に順番に見ていきます。○は右手，□は左手（またはその逆）として，線との位置関係を理解し，右手・左手それぞれ同時に，ビニールテープの右上，中央上，左上，右下，中央下，左下のいずれかをたたいていきます。

!ポイント
子どもがスラップタップの見本を見落としなく順番に見るように，声かけしましょう。

速すぎず，遅すぎず，同じリズムでできるように気を付けます。右手・左手を同時にたたくように声かけします。

レベルアップ
メトロノームの音に合わせてたたく練習にも挑戦します。床の上で足を使ったスラップタップにも挑戦しましょう。

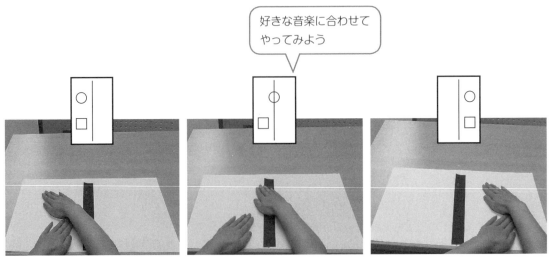

テープの左上と左下を　　テープの中央上と左下を　　テープの右上と右下を

好きな音楽に合わせてやってみよう

㉕スラップタップⅢ

動画 http://meijitosho.co.jp/redirect/261814/18

◆必要なもの スラップタップⅢ見本用紙（p.113），ビニールテープ，メトロノーム

✿やり方 スラップタップⅢ見本用紙をプリントアウトします。机の上に見本を置き，その下にビニールテープ40cmを縦に貼ります。

子どもは，○と□と線の組み合わせを横方向または縦方向に順番に見ていきます。○は右手，□は左手（またはその逆）として，線との位置関係を理解し，右手・左手それぞれ同時に，ビニールテープの右上，中央上，左上，右下，中央下，左下のいずれかをたたいていきます。

❗ポイント 子どもがスラップタップの見本を見落としなく順番に見るように，声かけしましょう。

速すぎず，遅すぎず，同じリズムでできるように気を付けます。右手・左手を同時にたたくように声かけしましょう。

⚡レベルアップ メトロノームの音に合わせてたたく練習にも挑戦します。メトロノームのスピードを少しずつ早くしていくと，より難しくなります。

床の上で足を使ったスラップタップにも挑戦しましょう。

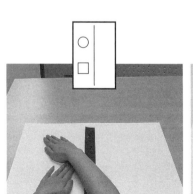
テープの左上と左下を

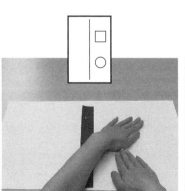
テープの右下と右上を

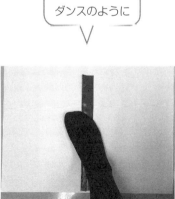
足を使って（両足ジャンプでダンスのように）

2章　家庭・教室でできる〈プチ〉ビジョントレーニング　49

㉖ 積木移動 Ⅰ

動画 http://meijitosho.co.jp/redirect/261814/19

◆ 必要なもの 立方体・円柱形の積木各10個，10種類の絵柄や数字のシール各2枚（積木にそれぞれ貼り付ける）

❀ やり方 大人は，机の上に絵柄が上下対になるように横2列に積木を並べます。子どもは，手前の積木を奥の積木の上に乗せていきます。利き手，非利き手どちらも行います。

❗ ポイント 子どもがつまむ積木の位置，乗せる積木の位置を目で確認しながら動作を行うように促しましょう。

🔺 レベルアップ 絵の代わりに，数字を書いたシールを貼って取り組んでみましょう。
積木の代わりにコルクとナットなど違う大きさ，素材の物でも取り組んでみましょう。

好きなキャラクターのシールで

積木に絵の
シール

コルクと
ナット

積木に数字のシール

積木をしっかり見て動作を行っているか
注意しましょう

27 積木移動 II

動画 http://meijitosho.co.jp/redirect/261814/20

♦ 必要なもの
立方体・円柱形の積木各10個，10種類の絵柄や数字のシール各2枚（積木にそれぞれ貼り付ける）

やり方
大人は，ランダムな順番で横2列に積木を並べます。子どもは，同じ絵柄の積木を見つけてその上に乗せていきます。積木をつまむ際は，親指と人さし指でつまむようにします。利き手，非利き手どちらも行います。

ポイント
子どもがつまむ積木の位置，乗せる積木の位置を目で確認しながら動作を行うように促しましょう。

親指と人さし指以外の指を使わないように注意しましょう。消しゴムなどを中指，薬指，小指側で握らせておくと，親指と人さし指だけを使って操作するように意識しやすくなります。

レベルアップ
絵の代わりに数字を書いたシールを貼って取り組んでみましょう。
積木の代わりにコルクとナットなど違う大きさ，素材の物で取り組んでみましょう。

3階建てにもチャレンジ

シールの絵柄を合わせて積みましょう

親指と人さし指でつまむようにしましょう

2章 家庭・教室でできる〈プチ〉ビジョントレーニング 51

㉘ 積木移動Ⅲ

トレーニングレベル
 ★★★
😊 ★☆☆
✋ ★★☆

動画 http://meijitosho.co.jp/redirect/261814/21

◆必要なもの 立方体・円柱形の積木各10個，10種類の絵柄や数字のシール各2枚（積木にそれぞれ貼り付ける）

✿やり方 大人は，机の上にバラバラに積木を並べます。子どもは，同じ絵柄の積木を見つけてその上に乗せていきます。積木をつまむ際は，親指と人さし指でつまむようにします。利き手，非利き手どちらでも行います。

❗ポイント 子どもがつまむ積木の位置，乗せる積木の位置を目で確認しながら動作を行うように促しましょう。

親指と人さし指以外の指を使わないように注意しましょう。消しゴムなどを中指，薬指，小指側で握らせておくと，親指と人さし指だけを使って操作するように意識しやすくなります。

📈レベルアップ 絵の代わりに数字を書いたシールを貼って取り組んでみましょう。

積木の代わりにコルクとナットなど違う大きさ，素材の物で取り組んでみましょう。乗せた後，1つずつ取って手の中に握らせていくのもよいでしょう。その際，下のナットが机と擦れたりして音が出ないように，そっと取るようにさせてみましょう。「音」が目安になり，力加減の難しい子でも「そっと」取るように意識付けることができます。積木を並べる範囲を広げてみましょう。箱の上などに置いて，高さを変えたりしてもよいでしょう。

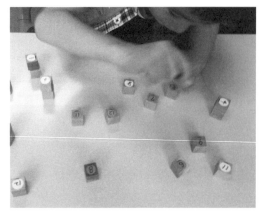

バラバラに積木をおいて，絵柄を見つけます

高さを変えるとさらに難しくなります

㉙ペグボードⅠ

トレーニングレベル
👀 ★☆☆
😊 ★☆☆
✋ ★★☆

◆必要なもの
ペグボード（円形の穴の開いたボードをセットします），ペグ（赤／緑）（knock knock 視覚発達支援トレーニングキット）

✿やり方
子どもは椅子に座り，ペグボードとペグは机に置きます（ペグは立てておくとやりやすくなります）。ペグを利き手の親指と人さし指で1本ずつつまんで取り，差していきます。

！ポイント
ペグを差す場所や手元をしっかり見ているか，大人は確認しましょう。
ペグをつまむ際に，親指と人さし指以外の指を使わないように注意しましょう。消しゴムなどを中指，薬指，小指側で握らせておくと，親指と人さし指だけを使って操作するように意識しやすくなります。

⤴レベルアップ
非利き手でも取り組みましょう。
大人がペグをいろいろな方向で渡し，手の中で回転させペグボードに差すようにしましょう。
ペグとペグボードの穴に数字のシールを貼っておいてもいいでしょう。数字の1から順番にペグと同じ数字の穴を探して差していきます。
また，差した後に，一度穴から抜き，手の中で回転させて差し直してみましょう。このとき，ペグを反対の手や体，机につけて回転しないように気を付けます。

ペグボード（ペグ赤／緑使用）

親指と人さし指を使いましょう

大人がペグを渡してもいいでしょう

㉚ペグボードⅡ

トレーニングレベル
👀 ★☆☆
😐 ★★☆
✋ ★★★

◆必要なもの ペグボード（凸のある穴の開いたボードをセットします），ペグ（赤／黄）（knock knock 視覚発達支援トレーニングキット）

✿やり方 子どもは椅子に座り，ペグボードとペグは机に置きます。ペグを利き手の親指と人さし指で1本ずつつまんで取り，差していきます。

！ポイント ペグを差す場所や手元をしっかり見ているか，大人は確認しましょう。

親指と人さし指以外の指を使わないように注意しましょう。消しゴムなどを中指，薬指，小指側で握らせておくと，親指と人さし指だけを使って操作するように意識しやすくなります。

ペグを差す向きを確認し，指先を使って向きを変えて差しているか観察しましょう。とりあえず差してみたり，力づくでペグを差し込んだりすることがないように気を付けましょう。

⚡レベルアップ 非利き手でも取り組みましょう。

大人がペグをいろいろな方向で渡し，手の中で回転させペグボードに差すようにしましょう。

ペグとペグボードの穴に数字のシールを貼っておいてもいいでしょう。数字の1から順番にペグと同じ数字の穴を探して差していきます。

また，差した後に，一度穴から抜き，手の中で回転させて差し直してみましょう。このとき，ペグを反対の手や体，机につけて回転しないように気を付けます。

ペグボード（ペグ赤／黄使用）

凸の方向を合わせて差します

㉛ペグボードⅢ

トレーニングレベル ★★☆ ★★☆ ★★★

◆必要なもの ペグボード（2カ所凸のある穴の開いたボードをセットします），ペグ（赤／青）（knock knock 視覚発達支援トレーニングキット）

❀やり方 子どもは椅子に座り，ペグボードとペグは机に置きます。ペグを利き手の親指と人さし指で1本ずつつまんで取り，差していきます。

❗ポイント ペグを差す場所や手元をしっかり見ているか，大人は確認しましょう。

　ペグをつまむ際に，親指と人さし指以外の指を使わないように注意しましょう。消しゴムなどを中指，薬指，小指側で握らせておくと，親指と人さし指だけを使って操作するように意識しやすくなります。

　ペグを差す向きを確認し，指先を使って向きを変えて差しているか観察しましょう。とりあえず差してみたり，力づくでペグを差し込んだりすることがないように気を付けましょう。

⚡レベルアップ 非利き手でも取り組みましょう。

　大人がペグをいろいろな方向で渡し，手の中で回転させペグボードに差すようにしましょう。

　ペグとペグボードの穴に数字のシールを貼っておいてもいいでしょう。数字の1から順番にペグと同じ数字の穴を探して差していきます。

　また，差した後に，一度穴から抜き，手の中で回転させて差し直してみましょう。このとき，ペグを反対の手や体，机につけて回転しないように気を付けます。

ペグボード（ペグ赤／青使用）

ペグを回転させてみましょう

2章　家庭・教室でできる〈プチ〉ビジョントレーニング　55

㉜洗濯ばさみ I

トレーニングレベル
★☆☆
★☆☆
★★☆

必要なもの 洗濯ばさみ，または洗濯ばさみと同じ形状のクリップ，紙コップ，お菓子箱，シールなど

やり方 子どもは座った状態で行います。紙コップやお菓子箱にシールや油性ペンなどで印を付けます。机の上に紙コップやお菓子箱を置きます。コップや箱の印に合わせてあらかじめ付けておいた洗濯ばさみを指先でつまんで外したり，いろいろな位置で手渡した洗濯ばさみを印に合わせて付けたり，印に付いている洗濯ばさみを他の印へ移動したりします。

ポイント 洗濯ばさみや印の位置をしっかりと見ているか，大人は確認しましょう。子どもが洗濯ばさみを外す際は，無理に引き抜かず，親指と人さし指でしっかりと洗濯ばさみを広げてから外すようにしましょう。姿勢を崩さずに取り組めるように注意しましょう。

レベルアップ 非利き手でも取り組みましょう。

手の中に消しゴムや小さめのブロックなどを握ったまま，その手の親指と人さし指で洗濯ばさみが操作できるように練習してみましょう。

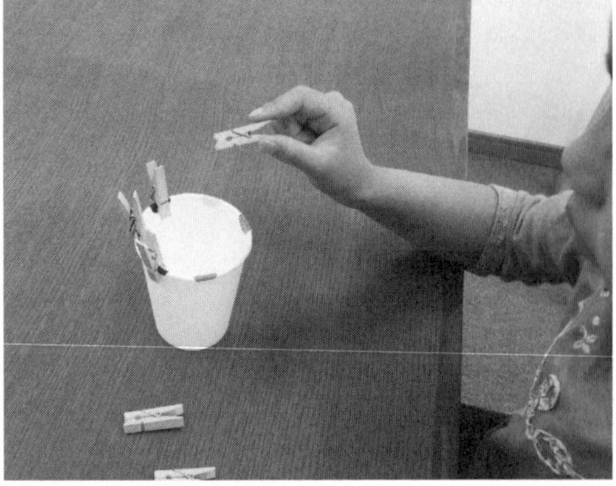

シールの場所に洗濯ばさみを付けていきます

好きな色の洗濯ばさみで

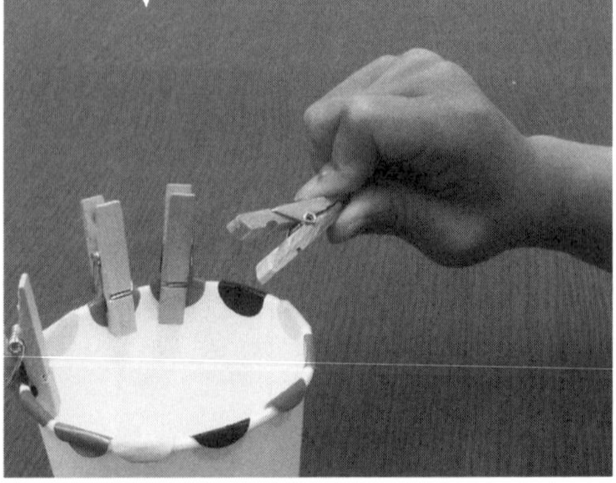

親指と人さし指を使って洗濯ばさみを広げましょう

㉝洗濯ばさみⅡ

トレーニングレベル
★★☆
★☆☆
★★☆

◆必要なもの 洗濯ばさみ，または洗濯ばさみと同じ形状のクリップ，紙コップ，お菓子箱，シールなど

✿やり方 子どもは座った状態で行います。紙コップやお菓子箱にシールや油性ペンなどで印を付けます。大人は，紙コップやお菓子箱をいろいろな位置，方向で構えます。コップや箱の印に合わせてあらかじめ付けておいた洗濯ばさみを指先でつまんで外したり，いろいろな位置で手渡した洗濯ばさみを印に合わせて付けたり，印に付いている洗濯ばさみを他の印へ移動したりします。大人は，子どもが洗濯ばさみを操作するたびに，コップや箱の位置を変化させましょう。

❗ポイント 洗濯ばさみや印の位置をしっかりと見ているか，大人は確認しましょう。洗濯ばさみの位置と印のある位置が一致しているか確認し，一致していないようであれば合わせるように促しましょう。

⚡レベルアップ 非利き手でも取り組みましょう。
　小さい洗濯ばさみ複数個を片方の手の中に握ります。反対の手は使わずに，洗濯ばさみを1つずつ指先に移動させてから箱やコップに付けましょう。

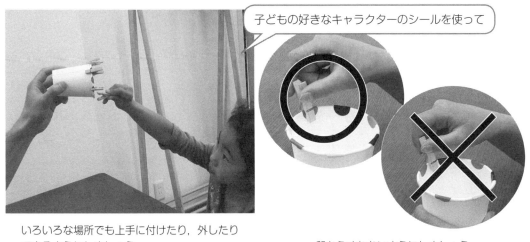

子どもの好きなキャラクターのシールを使って

いろいろな場所でも上手に付けたり，外したりできるようにしましょう

印からずれないようにしましょう

2章　家庭・教室でできる〈プチ〉ビジョントレーニング

㉞洗濯ばさみⅢ

◆必要なもの 洗濯ばさみ，または洗濯ばさみと同じ形状のクリップ，紙コップ，お菓子箱，シールなど，ディスプレイ用の小型ターンテーブル，バランスボード

✿やり方 子どもは座った状態で行います。シールや油性ペンなどで印を付け，紙コップやお菓子箱をターンテーブルの上に置きます。回転するコップや箱の印に合わせてあらかじめ付けておいた洗濯ばさみを指先でつまんで外したり，いろいろな位置で手渡した洗濯ばさみを印に合わせて付けたり，印に付いている洗濯ばさみを他の印へ移動したりします。

！ポイント 洗濯ばさみや印の位置をしっかりと見ているか，大人は確認しましょう。回転するにつれて洗濯ばさみを付ける印の面の向きが変化し，位置が変わるので，しっかり見て位置と向きを確認するように促しましょう。

⚡レベルアップ バランスボードに乗りながら取り組んでみましょう。

大人と交代で楽しく！

タイミングを合わせてうまく付けたり，外したりしましょう

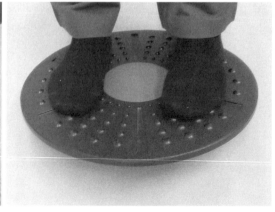

バランスボードに乗ってさらにレベルアップ

㉟ くるくるボードⅠ

トレーニングレベル ★☆☆ ★☆☆ ★★★

◆必要なもの くるくるボード（knock knock 視覚発達支援トレーニングキット）

やり方 子どもは椅子に座り，くるくるボードとブロック（またはナット）は机に置きます。ブロック（またはナット）を利き手の親指と人さし指で1つずつつまんで取り，くるくるボードのボルトに回転して付けていきます。

ポイント ボルトやブロックをしっかり見ているか，大人は確認しましょう。
　ブロックをつまむ際に，親指と人さし指を使っているか確認しましょう。消しゴムなどを中指，薬指，小指側で握らせておくと，親指と人さし指だけを使うことに意識を向けやすくなります。
　1本の指でブロックを回転させている場合は，親指と人さし指の2本の指で回すように声をかけましょう。

レベルアップ 付属の板を付けて，ボードを斜めにして練習しましょう。

くるくるボード

（大人と交代でしたり，競争して）
親指と人さし指を使って回転させます

ボードを斜めにしてチャレンジ

2章　家庭・教室でできる〈プチ〉ビジョントレーニング　59

㊱ くるくるボードⅡ

◆必要なもの くるくるボード（knock knock 視覚発達支援トレーニングキット），バランスボード

やり方 子どもは椅子に座り，くるくるボードとブロック（またはナット）は机に置きます。2mから3mくらい離れた場所にくるくるボードの見本シートを置きます。見本と同じ位置にブロック（またはナット）を利き手の親指と人さし指で1つずつつまんで取り，くるくるボードのボルトに回転して付けていきます。

ポイント ナットやブロックをしっかり見ているか，大人は確認しましょう。

ブロックをつまむ際に，親指と人さし指を使っているか確認しましょう。消しゴムなどを中指，薬指，小指側で握らせることによって，親指と人さし指を使うことに意識を向けやすくなります。

1本の指でブロックを回転させている場合は，親指と人さし指の2本の指で回すように声をかけましょう。

レベルアップ ブロックやナットを指先から手のひらに，手のひらから指先に移動する練習も組み合わせましょう。バランスボードに乗って取り組んでみましょう。

離れた場所の見本に合わせて

手のひらから指先へナットを移動させて付けてみましょう

㊲ トラッキング迷路

◆ 必要なもの Ａ４サイズの用紙，ペン（またはホワイトボードとマーカー），バランスボード

✿ やり方 子どもは座って取り組みます。大人がＡ４サイズ程度の大きさの用紙，またはホワイトボードに１〜５本の不規則に曲がりくねった線を書きます。子どもは，それらの線を目で追いながらゴールにたどり着く１本の線を探します。

❗ ポイント 視線が大きく外れることなく線を追うことができているかどうか，子どもの視線の動きを観察しましょう。また目を動かすときに，頭が一緒に動いてしまわないか注意しましょう。

どの線を追っているのか分からなくなるようであれば，線の色を変えて見やすくしてみましょう。

⚡ レベルアップ 立ったり，バランスボードに乗ったりして取り組んでみましょう。

好きなキャラクターを
ゴールに使って

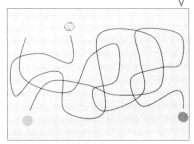

トラッキング迷路の例

座ってできるようになったら，立ったり，バランスボードに乗ったりして取り組んでみましょう

2章 家庭・教室でできる〈プチ〉ビジョントレーニング

㊳アイロンビーズすくいⅠ

動画 http://meijitosho.co.jp/redirect/261814/22

🔶 **必要なもの** ハマビーズJr.〔直径10mmの通常より大きいアイロンビーズ（ボーネルンド）〕，ビーズを入れる容器，割り箸１本（割ったもの），ピンセット

🌸 **やり方** ビーズを小さめの容器に10個程度入れます。子どもは，割り箸１本を利き手で鉛筆を持つように持ち，反対側の手で容器を持ちます。容器に入ったビーズの穴に箸の先を差してすくい，転がらないように机の上に立てます。

❗ **ポイント** アイロンビーズの穴と箸の先を見ることができているか，大人は確認します。
　箸を持つ際，スプーンを持つように握ってしまったり，人さし指と中指の間に挟んでしまったりしていないか注意します。箸にペンシルグリップを付けて持ちやすくしてもよいでしょう（ペンシルグリップが動かないように，輪ゴムを付けるなどしてストッパー代わりにします）。
　アイロンビーズをすくう際に，箸の先が向こう側を向くようであれば，自分の方から容器を持っている手の方に箸の先を向けるように促します。

⚡ **レベルアップ** 非利き手でも行ってみましょう。
　机に立てたアイロンビーズをピンセットや箸２本で挟んで容器に戻すことにも取り組んでみましょう（ピンセットの場合は下から持ち，親指と人さし指で挟むようにします。ピンセットの先の片方を穴に入れて挟むと，箸で操作するのが難しい場合でも挟んで戻すことができます）。

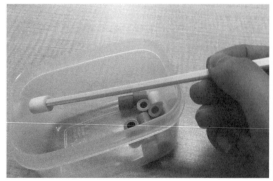

アイロンビーズの穴に箸をうまく差すためには，しっかり見ることが大切です

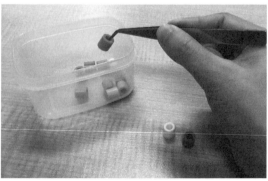

ピンセットでアイロンビーズを容器に戻します

㉟アイロンビーズすくいⅡ

動画 http://meijitosho.co.jp/redirect/261814/23

◆必要なもの
ハマビーズJr.〔直径10mmの通常より大きいアイロンビーズ（ボーネルンド）〕，ビーズを入れる容器，割り箸2本（割ったもの）

◆やり方
ビーズを小さめの容器に10個程度入れます。子どもは，割り箸1本を利き手で鉛筆を持つように持ち，反対側の手で容器を持ちます。容器に入ったビーズの穴に箸の先を差してすくい，机の上に立てます。もう1つすくい，机の上に立っているビーズの上に重ねて積みます。2，3個ずつ積んでみましょう。すべて立てたら箸2本でビーズを1つずつ挟み，容器に戻します。

◆ポイント
アイロンビーズの穴と箸の先を見ることができているか，大人は確認します。
　箸を持つ際，スプーンを持つように握ってしまったり，人さし指と中指の間に挟んでしまったりしていないか注意します。箸にペンシルグリップを付けて持ちやすくしてもよいでしょう（ペンシルグリップが動かないように，輪ゴムを付けるなどしてストッパー代わりにします）。
　アイロンビーズをすくう際に，箸の先が向こう側を向くようであれば，自分の方から容器を持っている手の方に箸の先を向けるように促します。

◆レベルアップ
非利き手でも行ってみましょう。
　容器に戻す際，机に立てたアイロンビーズを倒さないように1個ずつすくって戻すことにも取り組んでみましょう。

アイロンビーズを上手に積み上げます

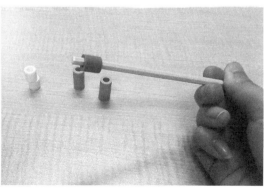
箸でアイロンビーズをすくって，容器に戻します

2章　家庭・教室でできる〈プチ〉ビジョントレーニング　63

㊵アイロンビーズすくいⅢ

トレーニングレベル 👀★★☆ 😊★☆☆ ✋★★★

動画 http://meijitosho.co.jp/redirect/261814/24

◆必要なもの
ハマビーズJr.〔直径10mmの通常より大きいアイロンビーズ（ボーネルンド）〕，数字シール，ビーズを入れる容器，割り箸1本（割ったもの），ディスプレイ用の小型ターンテーブル

✿やり方
数字シール（①〜⑩）を貼ったビーズを机の上にバラバラに並べます。シールの貼っていないビーズ10個を子どもの近くに並べます。机の上に並んでいるシールなしのビーズの穴に箸の先を差してすくい，数字シールのビーズに重ねて積みます。①から順番に⑩まで積んでいきます。

❗ポイント
アイロンビーズの穴と箸の先を見ることができているか，大人は確認します。
　箸を持つ際，スプーンを持つように握ってしまったり，人さし指と中指の間に挟んでしまったりしていないか注意します。箸にペンシルグリップを付けて持ちやすくしてもよいでしょう（ペンシルグリップが動かないように，輪ゴムを付けるなどしてストッパー代わりにします）。
　アイロンビーズをすくう，積む際に隣のビーズを倒してしまわないように，周辺のビーズの位置も見て，意識するように促しましょう。

⚡レベルアップ
非利き手でも行ってみましょう。
　ビーズを2つすくって，2階建てで倒さずに積めるか挑戦してみましょう。
　ビーズをターンテーブルの上に置いて積んでみましょう。

アイロンビーズを上手に積み上げます

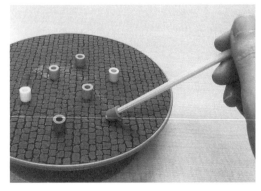
ターンテーブルを使って取り組んでみましょう

㊶積木模倣 Ⅰ

トレーニングレベル
👀 ★☆☆
😊 ★☆☆
✋ ★☆☆

◆必要なもの 図形キューブつみき（くもん出版）

✿やり方 大人は，平面または立体パターンの見本を子どもに見えないように作ります。同じパターンを隣り合わせで2つ作り，1カ所だけ積木の色や位置を異なるものにしておきます。子どもは見本を見て間違いを見つけます。

❗ポイント 違いが分からないときは，見本の間違いの部分を含む一部を再度作る動作を見せて，注意を向けられるように促しましょう。

⚡レベルアップ 積木の数を増やしたり，形を複雑にしたりして，難易度を上げていきましょう。

図形キューブつみき

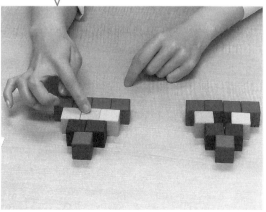

クイズに答えるように楽しく！

どこが違うか見つけましょう

2章　家庭・教室でできる〈プチ〉ビジョントレーニング　65

㊷ 積木模倣 Ⅱ

トレーニングレベル

◆ 必要なもの 図形キューブつみき（くもん出版）2セット

✿ やり方 大人は，付属のマニュアルを参考に平面または立体パターンの見本を子どもの目の前で少しずつ作っていきます。子どもは，大人の動きをまねしながら同じように形を作っていきます。2セット用意できない場合や，慣れてきたら前もって作成過程を写真や動画で撮っておき，子どもにそれを順番に見せてもよいでしょう。

❗ ポイント 置き方が分からないときは，大人が積木を置く動作をゆっくり，また子どもに「どこに置くのかな？」など声かけをして注意を向けさせ，位置を理解できるように促しましょう。また実寸大の見本（拡大コピーしたりして作成しましょう）を下に敷いて，その上に乗せていく方法をとってもよいでしょう。

↗ レベルアップ 積木の数を増やしたり，形を複雑にしたりして，難易度を上げていきましょう。

大人の動きをまねして作りましょう

子どもが先生役になって

実物大の見本を敷いて，作ってみましょう

㊸ 積木模倣 Ⅲ

◆ 必要なもの 図形キューブつみき（くもん出版）2セット

✿ やり方 大人は，付属のマニュアルを参考に平面または立体パターンの見本を子どもに見えないように作ります。子どもは，見本を見ながら同じように形を作っていきます。2セット用意できない場合や，慣れてきたらあらかじめ作った見本を写真や動画で撮っておき，子どもにそれを見せてもよいでしょう。

❗ ポイント 大人は，「1段目」とか「緑色の横」などのような言葉によるヒントは，できる限りしないようにしましょう（もちろん必要に応じて言葉でヒントを出すことは構いません）。

⚡ レベルアップ 積木の数を増やしたり，形を複雑にしたりして，難易度を上げていきましょう。

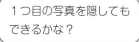

完成している見本を見て，作りましょう

写真の見本を見ながら作ってみましょう

2章　家庭・教室でできる〈プチ〉ビジョントレーニング　67

㊹ 積木模倣Ⅳ

トレーニングレベル

◆必要なもの 図形キューブつみき（くもん出版）

✿やり方 付属の図版を見て作っていきます。子どものレベルに合わせて，問題の難易度を調整しましょう。

❗ポイント 平面的な図版を見本にするため，立体の見えない部分がどうなっているかを想像することが大切です。難しい場合は，「この裏側には何があると思う？」「反対から見たらどうなっていると思う？」など思考を支えるための声かけを大人が行いましょう。

⚡レベルアップ 正面図，側面図など，立体的な手がかりのない見本を作成し，それを元に積木を組み立てていきます。

見本の図版を見て作って
みましょう

1段目から順番に作ってみよう

見えない部分を想像することが大切です

㊺ タングラム I

トレーニングレベル
👀 ★☆☆
😊 ★☆☆
✋ ★☆☆

◆ 必要なもの タングラムパズル，パーカイトリーブロック

❀ やり方 机の上に三角形・正方形・平行四辺形のパズルを複数個用意します。同じ形の物にグループ分けしたり（仲間分け），違う種類の形を見つけ出したり（間違い探し）しましょう。また，同じ色の物にグループ分けする練習もしましょう。

❗ ポイント 形をぱっと見て分けることが難しい場合は，パズルを重ねて確認してみるように，大人が促しましょう。特に平行四辺形は，裏返すと重ならなくなってしまいます。片面にシールを貼って，表と裏が区別できるようにして始めてもよいでしょう。

　また，大きさが違っても三角は三角，四角は四角…，ということが理解できるようにたくさんパズルに触るように促しましょう。

🔺 レベルアップ 子どもの好きなように操作させて，同じ形（または異なる形）のパズルの組み合わせで，いろいろな形を構成してみましょう。「魚みたい」「ハートの形みたい」とイメージして作ってもよいでしょう。

> 大人も一緒になっていろいろな形を作って楽しみましょう

脳力タングラム（エド・インター）

仲間分けをして，形の特徴を理解しましょう

2章　家庭・教室でできる〈プチ〉ビジョントレーニング　69

㊻タングラムⅡ

トレーニングレベル

◆必要なもの
タングラムパズル，パーカイトリーブロック

❀やり方
大人は，組み立てるのに必要なパズルを用意します。子どもは，付属の冊子や用意された図形（形の間に境界線・仕切り線があるもの）を見本にして，机の上でパズルを操作して組み立てます。自分で正解かどうか分かりにくい場合は，透明な板の上で作り，実寸大の見本に乗せて確認できるといいでしょう。

❗ポイント
作り方が難しくて悩んでいるようであれば，分かりやすいピースから作るように「これはどこにくる？」と見本を指しながら確認したり，大人がパズルを使って作るところを見せたりしてもよいでしょう。

また，実寸大の見本が付いている場合はその上に乗せて作っていくと，合っているかどうか分かりやすくなります。実寸大の見本が付いていない場合には，拡大コピーして自作してもよいでしょう。

⚡レベルアップ
必要なパズルを子どもに用意させましょう。

見本を同じ方向から見て練習を続けていると，作り方を覚えてしまうことがあります。見本を回転させ，方向を変えたり，頭の中で見本の図形を回転させて組み立てたりしてみましょう。

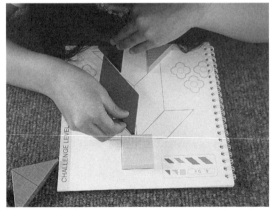
見本の上に乗せて作ってみましょう

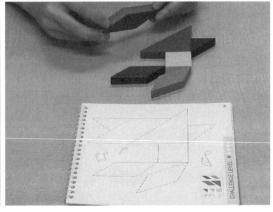
見本に乗せずに作ることができるかな？

❹タングラムⅢ

トレーニングレベル
👀 ★☆☆
😊 ★★★
✋ ★☆☆

◆ 必要なもの
タングラムパズル，パーカイトリーブロック

❀ やり方
大人は，組み立てるのに必要なパズルを用意します。子どもは，付属の冊子や用意された図形（形の間に境界線・仕切り線がないもの）を見本にして，机の上でパズルを操作して組み立てます。

❗ ポイント
図形がどのように組み合わされているか子どもがイメージがしにくい場合は，実寸大の見本の図形の上にパズルを重ねて取り組みましょう。実寸大の見本が付いていない場合には，拡大コピーして自作してもよいでしょう。

途中で分からなくなっている場合は，どこまでできているのか考えるように声をかけ，見本でその形をなぞらせたり，大人がなぞってみせるとヒントになります。それでも分かりにくいようであれば，大人がピースを１つだけ見本の上に重ねてイメージしやすくしてみましょう。

⚡ レベルアップ
必要なパズルを子どもに用意させましょう。

他の組み立て方やピースの組み合わせでできないか考えてみましょう。

見本を同じ方向から見て練習を続けていると，作り方を覚えてしまうことがあります。見本を回転させ，方向を変えたり，頭の中で見本の図形を回転させて組み立てたりしてみましょう。

境界線がなくなると，難しくなります。自分でピースの組み合わせを考えましょう

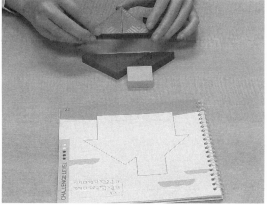

見本に乗せずに作ることができるかな？

2章　家庭・教室でできる〈プチ〉ビジョントレーニング　71

㊽立体パズルⅠ

トレーニングレベル
👀 ★☆☆
😊 ★☆☆
✋ ★☆☆

🎬 http://meijitosho.co.jp/redirect/261814/25

♦必要なもの
賢人パズル，立体パズル（共にエド・インター）等2セット

✿やり方
大人は，付属のマニュアルを参考に子どもの目の前で組み立てていきます。子どもは大人が1つパズルを置いたら，それをまねして同じように組み立てていきます（パズルを2セット用意するのが難しければ，前もって作成過程を写真や動画で撮っておき，子どもにそれを順番に見せてもよいでしょう）。

❗ポイント
置き方が分からないときは，子どもが持つパズルを大人が持つパズルと同じ方向に合わせるところからまねさせましょう。また，大人がパズルを置く動作をゆっくり，また子どもに「どこに置くのかな？」など声かけをして，注意を向けさせ，位置や方向を理解できるように促しましょう。

　また，実寸大の見本がついている場合はその上に乗せて作っていくと，合っているかどうか分かりやすくなります。実寸大の見本がついていない場合には，拡大コピーして自作してもよいでしょう。

⚡レベルアップ
大人が複数個パズルを置いた後に，子どもにまねさせましょう。少ない数からだんだん多い数のパズルを置いていき，レベルアップしましょう。

左から賢人パズル，立体パズル

まねして組み立てましょう

㊾立体パズルⅡ

トレーニングレベル
👀 ★☆☆
😊 ★★☆
✋ ★☆☆

🎥 http://meijitosho.co.jp/redirect/261814/26

◆ **必要なもの**　賢人パズル，立体パズル（共にエド・インター）等2セット

🌸 **やり方**　大人は，付属のマニュアルを参考に子どもの目の前でパズルを完成まで組み立てます。子どもは完成した見本を見て，同じように組み立てます（パズルを2セット用意するのが難しければ，前もって作成過程を写真や動画で撮っておき，子どもにそれを順番に見せてもよいでしょう）。

❗ **ポイント**　置き方が分からないときは，大人が完成した見本からいくつかパズルを取り，見えなかった部分を見えるようにします。

「一番下」とか「緑色の横」などのような言葉によるヒントは，できる限りしないようにしましょう（もちろん必要に応じて言葉でヒントを出すことは構いません）。

⚡ **レベルアップ**　大人は，子どもに見えないようにしてパズルを完成まで組み立てます。子どもは完成した見本を見て，同じように組み立てます。組み立てる順番を自分で考える必要があるため，難しくなります。

大人の作った見本を見て組み立てます

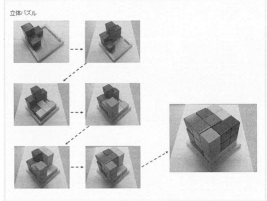

写真で作成過程を撮っておき，見せてもいいでしょう

2章　家庭・教室でできる〈プチ〉ビジョントレーニング　73

㊿ 立体パズルⅢ

動画 http://meijitosho.co.jp/redirect/261814/27

◆ **必要なもの** 賢人パズル，立体パズル（共にエド・インター）等

❀ **やり方** 子どもは，付属のマニュアルを見本にして完成まで組み立てます。

❗ **ポイント** 大人は，マニュアルの作成過程の順番を子どもがきちんとたどれているか注意します。飛ばしてしまっていたり，置き方が分からなくて戸惑っていたりするときは，マニュアルの作成過程のどこまでできているのか確認するように促しましょう。

⚡ **レベルアップ** マニュアルの作成過程を隠して，完成図のみを見て組み立ててみましょう。

大人が自作した「正面と側面の平面図」を見て，形を完成させてもいいでしょう。

マニュアルの見本を見て組み立てます

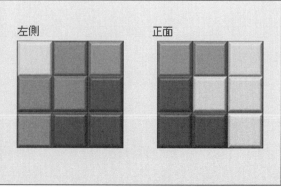

大人が自作した「正面と側面の平面図」の例

51 ジオボードⅠ

♦必要なもの ジオボード（ピンが25個のもの）2枚，輪ゴム適宜

❀やり方 ジオボードの上に輪ゴムをかけ，自由に形を作り，輪ゴムをかける操作に慣れます（難しい場合は，他のトレーニングで指先の練習をしてから取り組みましょう）。

　大人がジオボードに輪ゴム1本を使って形を作ります。子どもはもう1枚のジオボードを上に重ね，下の見本と同じ形になるように輪ゴムをかけます。

❕ポイント 両手同時に輪ゴムを持って操作している場合には，片方の手はジオボードを押さえたり，ピンにかかっている輪ゴムを押さえたりするように促しましょう。ボードが動いてしまうときは，下に滑り止めシートを敷くなどして操作しやすいようにしましょう。

　輪ゴムをかけるピンの位置が分かりにくいときに，「右から2番目」とか「一番下」などのような言葉によるヒントは与えないようにしましょう。子どもに見本をなぞってもらうなど，視覚や運動を使って指導しましょう。

⚡レベルアップ 輪ゴム2本を使って見本の形を作ってみましょう。そのときには，2つの形の一部が重なっているように（離れて別々の場所にないように）しましょう。また，2本の輪ゴムは，はじめは別の色で作りましょう。同じ色にすると難しくなります。

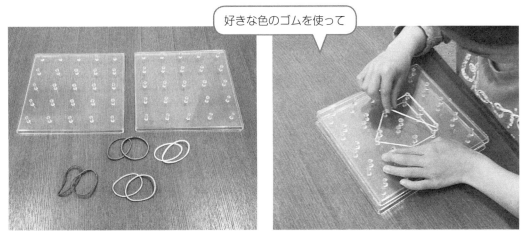

好きな色のゴムを使って

ジオボード　　　　　　　　　　　見本に重ねて子どもが形を作ります

2章　家庭・教室でできる〈プチ〉ビジョントレーニング　75

㊷ジオボードⅡ

トレーニングレベル

◆ **必要なもの** ジオボード（ピンが25個のもの）2枚，輪ゴム適宜

✿ **やり方** 大人がジオボードに輪ゴム1本を使って形を作ります。見本のジオボードを上または横に置いて，子どもは同じ形をジオボードに作ります。

　主に次のような順で形は難しくなります。水平・垂直線→正方形・長方形→斜め線→直角三角形→平行四辺形・台形→多角形（p.78参照）。子どもが作れるレベルのもので練習するようにしましょう。

❗ **ポイント** 輪ゴムをかけるピンの位置が分かりにくいときに，「右から2番目」「一番下」など言葉によるヒントは与えないようにしましょう。大人が操作するのをまねしながら一緒に作ったり，操作するのを見せてから作ったりしてみましょう。または，見本の輪ゴムがかかっているピンを指さしたり，見本をなぞったりして視覚や運動を使うこともよいでしょう。

⚡ **レベルアップ** 輪ゴム2本を使って見本の形を作ってみましょう。そのときには，2つの形の一部が重なっているように（離れて別々の場所にないように）しましょう。また，2本の輪ゴムは，はじめは別の色で作りましょう。同じ色にすると難しくなります。

　さらに，見本の形を90度回転させたり，反転させたりした形を子どもに作らせてみましょう。頭の中で図形を回転させる必要があり，難しくなります。

輪ゴム1本で作った見本を見て同じ形を作ります

子どもが先生役になって
輪ゴム2本で作った見本にもチャレンジしましょう

53 ジオボードⅢ

♦ 必要なもの ジオボード（ピンが25個のもの）1枚，ドットシート（ジオボードと同じ位置に黒点のある用紙。クリアファイルに入れるとホワイトボード用のペンで繰り返し描いたり消したりできる），輪ゴム適宜

❀ やり方 大人がドットシートに見本の形を描きます。子どもは，見本を上または横に置いて同じ形をジオボードに作ります。

最初は簡単な図形1個から取り組み，様子を見て難しい形にしたり，図形2個にしたりして取り組みましょう。

❗ ポイント 輪ゴムをかけるピンの位置が分かりにくいときに，「右から2番目」「一番下」など言葉によるヒントは与えないようにしましょう。見本の点を指さしたり，見本をなぞったりなど視覚や運動を使って位置関係を捉えられるように促しましょう。

↗ レベルアップ 大人がジオボードに作った形を，子どもがドットシートに描くという逆パターンにチャレンジしてみましょう。その際，線が多少ゆがんでも構いません。形がきちんととれているか，輪ゴムがかかっているピンの位置と書いた角の位置が合っているかを重視して評価しましょう。この練習をしておくと，点つなぎのプリント教材に移行しやすくなります。

ドットシートに描かれた見本を見て，形を作ります

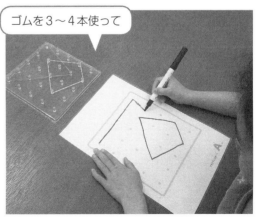

輪ゴムで作られた形をドットシートに描いてみましょう

2章 家庭・教室でできる〈プチ〉ビジョントレーニング 77

**** ジオボードで作成する形の難易度について ****

　ジオボードで形を作る練習をする際には，次の形の難易度を参考にして簡単なものから取り組みましょう。基本的には，垂直・水平線より斜めの線の方が難しく，斜めの線が多くなればなるほど難しくなります。

レベル１：垂直または水平の１本線
レベル２：ジオボードの角に位置する正方形・長方形
レベル３：斜めの線
レベル４：ジオボードの角に直角部分がある，直角三角形
レベル５：ジオボードの角に直角部分が位置しない正方形・長方形・直角三角形
レベル６：平行四辺形や台形などの線対称，点対称の四角形
レベル７：輪ゴムを２本使いレベル１～６の形を組み合わせる
レベル８：自由に作られた三角形・四角形（ただし，それぞれの内角は180度未満）
レベル９：自由に作られた三角形～多角形（内角が180度より大きいものも可）
レベル10：輪ゴムを２本使いレベル１～６，８，９の形を組み合わせる

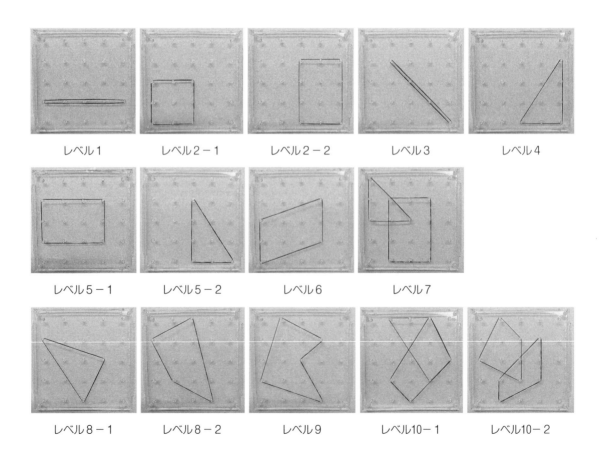

(54) かくれたかたち

トレーニングレベル ★☆☆ ★★☆ ★☆☆

必要なもの ジオボード（ピンが25個のもの）１枚，ドットシート（ジオボードと同じ位置に黒点のある用紙。クリアファイルに入れるとホワイトボード用のペンで繰り返し描いたり消したりできる），鏡，輪ゴム適宜

やり方 大人がドットシートに左右対称となる図形を描きます（この時はまだ子どもに図形を見せません）。その図形の右または左半分を消してから子どもに提示します。子どもは，完成されていない（大人が消した）部分もイメージしながら形全体をジオボードに作ります。

左右対称だけでなく，上下対称となる図形も取り組んでみましょう。

ポイント 子どもが図形をイメージしにくいようであれば，ドットシートに鏡を立てて図形全体をイメージすることができるか確認しましょう。または，ドットシートに完成されていない部分を点線で描いてヒントにしましょう。四角や三角，台形や⌂（家）などのイメージしやすい形から取り組みましょう。

レベルアップ 全体の４分の１を消した図形で取り組んでみましょう。線対称の図形だけでなく，点対称の図形にも挑戦してみましょう。

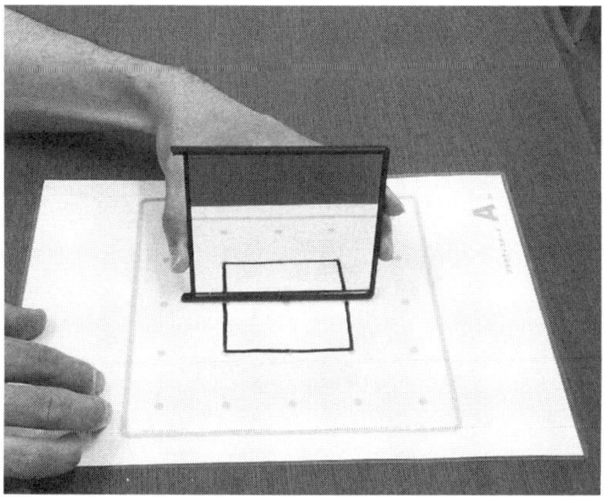

左右対称や上下対称となる形を描きましょう

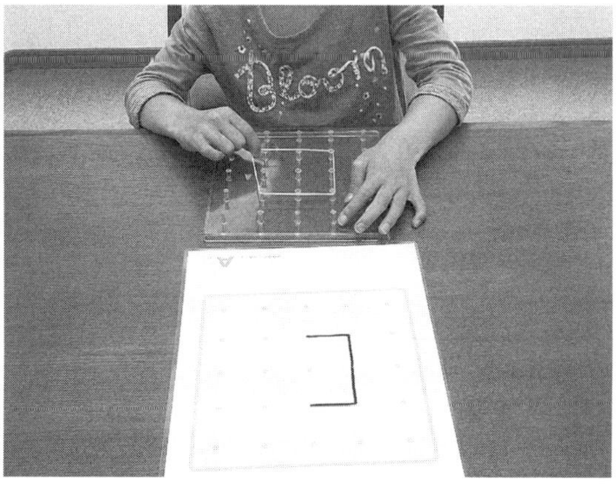

描かれていない部分もイメージして形を作ります

55 電車を追いかけようⅠ

動画 http://meijitosho.co.jp/redirect/261814/28

トレーニングレベル
👀 ★☆☆
😊 ★☆☆
✋ ★★☆

◆**必要なもの** 同じコースを走る市販の電車や車のおもちゃ（プラレール，パネルワールドなど），カラーマグネット，マグネットシート

◆**やり方** 子どもは座った状態で行います。電車の上部に1cm四方くらいのマグネットシートを両面テープで貼り付けます。そこに丸いカラーマグネットを付けて電車を走らせ，手が届くところに電車が来たら，子どもはカラーマグネットをつまんで外します。

◆**ポイント** 走る電車とカラーマグネットをしっかりと見ているか，大人は確認しましょう。カラーマグネットを外すときに，電車を止めてしまったり，脱線させてしまったりしないよう力を入れすぎないように促しましょう。

◆**レベルアップ** 非利き手でも取り組みましょう。
　カラーマグネットの大きさを小さくしていきましょう。マグネットシートを2カ所に付けて，カラーマグネットを2つ連続で外す練習にも挑戦しましょう。

子どもが好きなキャラクターの
シールを貼って

「パネルワールド　走る！新幹線E5系はやぶさ」
（増田屋コーポレーション）

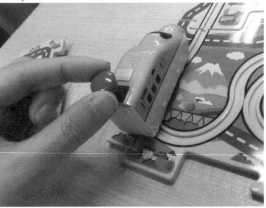

電車を止めたり，脱線させないように
カラーマグネットを外しましょう

56 電車を追いかけよう II

動画 http://meijitosho.co.jp/redirect/261814/29

◆ 必要なもの 同じコースを走る市販の電車や車のおもちゃ（プラレール，パネルワールドなど。車体の後部や側面に数字カードを付けられるように面ファスナーを付ける），数字カード（電車の側面に貼る見本用と選択用の2種類。電車に貼るものはラミネートして面ファスナーを付ける）

❀ やり方 子どもは座った状態で行います。電車の側面に見本用の数字カードを貼り付けます。選択用の数字カードを作っておき，電車側面の数字列と同じになるように手元に並べていきます。レベルに合わせて，見本用の数字カードは1文字から3列×3行程度まで文字数を増やしていきます。

❗ ポイント 走る電車にしっかり注目して，数字が見える瞬間を見逃さないように声かけしましょう。数字の順番やよく似た数字（3と8，9と6など）を間違えないように注意しましょう。

⚡ レベルアップ 子どもから離れたところに電車のコースを置いて，見本までの距離を遠くしていきましょう。

> 自分でコースを作ってみよう！

数字カードの例

電車に付いている数字を並べていきます

2章 家庭・教室でできる〈プチ〉ビジョントレーニング 81

㊾ 電車を追いかけようⅢ

トレーニングレベル ★★★ ★★☆ ★★★

動画 http://meijitosho.co.jp/redirect/261814/30

◆必要なもの 同じコースを走る市販の電車や車のおもちゃ（プラレール，パネルワールドなど。車体の後部や側面に数字カードを付けられるように面ファスナーを付ける），数字カード（電車の側面に貼るため。ラミネートして面ファスナーを付ける），記入用紙

✿やり方 子どもは座った状態で行います。電車の側面に数字カードを貼り付けます。数字表を書き写すための記入用紙を作成しておきます。子どもは数字カードを見て，記入用紙に数字を書き写します。

　レベルに合わせて，数字カードは3文字程度から3列×4行程度まで文字数を増やし，文字の大きさも小さくしていきましょう。

❗ポイント 子どもが走る電車にしっかり注目して，数字が見える瞬間を見逃さないように声かけしましょう。数字の順番やよく似た数字（3と8，9と6など）を間違えないように注意しましょう。文字を書く際，枠からはみ出さないように丁寧に書きましょう。

⚡レベルアップ 数字カードを90度または180度回転した状態で電車に貼り，メンタルローテーション（頭の中で回転して認識すること）してから書き写す練習をしましょう。

数字以外の文字や図形でも

数字を枠からはみ出さないように書きましょう

数字カードを回転させた状態でチャレンジ

58 コラムサッケード

必要なもの　コラムサッケード見本用紙（p.114〜），バランスボード

やり方　コラムサッケード見本用紙をプリントアウトします。子どもは，紙に書かれている数字のなかから□で囲まれた文字や行・列の端の数字だけをできるだけ早く，間違えないように読み上げます。座った状態で手元にある用紙を読んだり，立った状態で2〜3m離れた場所に提示された用紙を読んだりしましょう。

　横方向（左から右）に読み上げたり，縦方向（上から下）に読み上げたりしましょう。

ポイント　大人は，正確に文字を読み上げることができているか，子どもの視線の動きを観察しましょう。また頭を動かさずに，目だけを動かして音読することができているかも確認しましょう。どの文字を追っているのか分からなくなる場合は，指さしをしながら取り組み，指さしなしでできるようにステップアップしていきます。

レベルアップ　バランスボードに乗って取り組んでみましょう。

　コラムサッケード見本用紙を参考に用紙を作ってみましょう。数字をひらがなやカタカナに変えたり，文字の大きさを大きいものから小さいものにしたりしていきましょう。

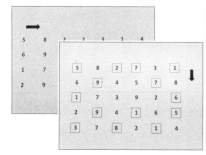

コラムサッケードの用紙例

手元や離れたところで読み上げましょう

2章　家庭・教室でできる〈プチ〉ビジョントレーニング　83

(59)見くらベレース

トレーニングレベル
★★★
★★☆
★★☆

必要なもの 「見くらベレース」レベル１～４（knock knock 視覚発達支援トレーニングドリル），鉛筆またはシール

やり方 子どもは，上下または左右の図形や文字を見くらべて，同じであれば「○」，異なる形や順番であれば「×」を付けます。鉛筆で○や×を付ける代わりに，該当の欄にシールを貼ってもよいでしょう。最後に，解答した○と×の数を数えて，ページ下の解答欄にそれぞれ記入します。

ポイント 視線を動かす練習ですので，できれば形や文字を指さしたり，鉛筆で印をしたりすることなく取り組めるとよいでしょう。

レベルアップ シールを貼る場合にはマスからはみ出さないようにしたり，薄く書かれた○や×と同じくらいの大きさのシールを使って○と×が全部隠れるようにしたりして，手元を見て操作するように工夫しましょう。

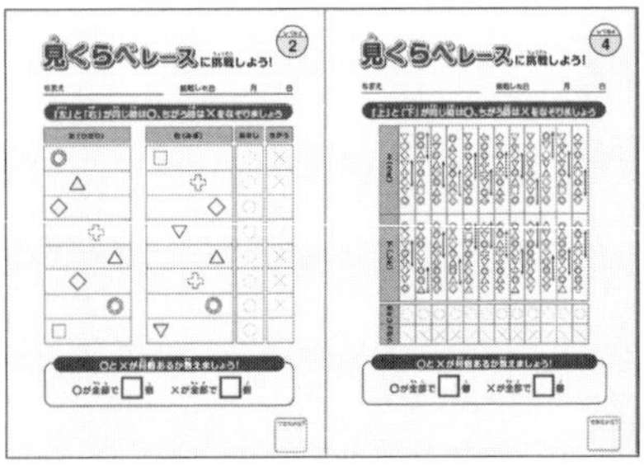

見くらベレース

子どもが好きなシールを使って

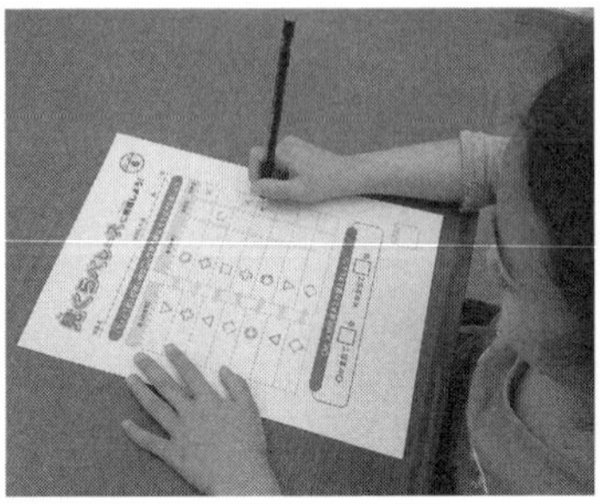

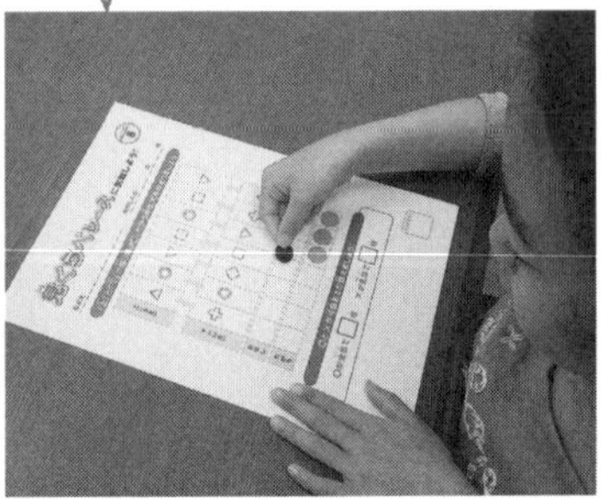

鉛筆やシールを使って「おなじ」か「ちがう」か解答します

(60) ぐるぐる迷路

トレーニングレベル
★★★
★☆☆
★★★

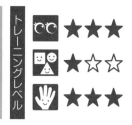

必要なもの 「ぐるぐる迷路」レベル１～４（knock knock 視覚発達支援トレーニングドリル），鉛筆

やり方 子どもは，スタートからゴールまで壁にぶつからないように迷路をたどります。その際，迷路の枠からはみ出さないように線を引きましょう。

ゴールまで行けたら枠の中の数字や文字を，通った順にページ下の記入欄に記入しましょう。レベルが上がると迷路の距離が長くなり，道が細くなっていくので，より正確に鉛筆を動かすことが必要になります。

ポイント ページ下の数字や文字を書く欄は，書くことが難しい場合は何を書くか子どもに言ってもらい，大人が代わりに書いてもよいでしょう。自分の書いた線を目でたどっていく，眼球運動の練習になります。

鉛筆を正しく持つために，必要に応じてペンシルグリップなどを使用しましょう。

レベルアップ クレヨンやボールペン，筆ペンなど書き味の異なる筆記用具で書いてみましょう。

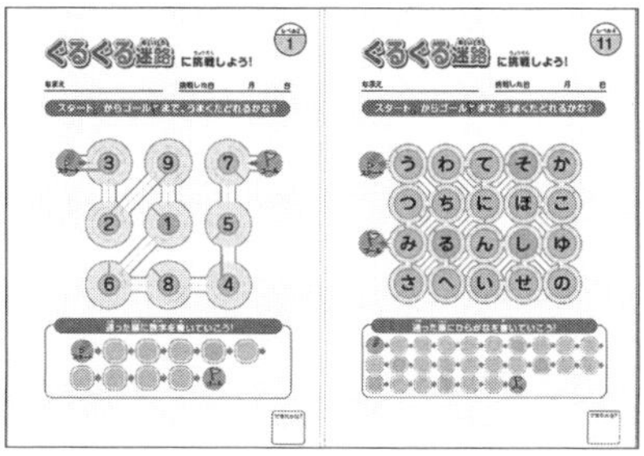

ぐるぐる迷路

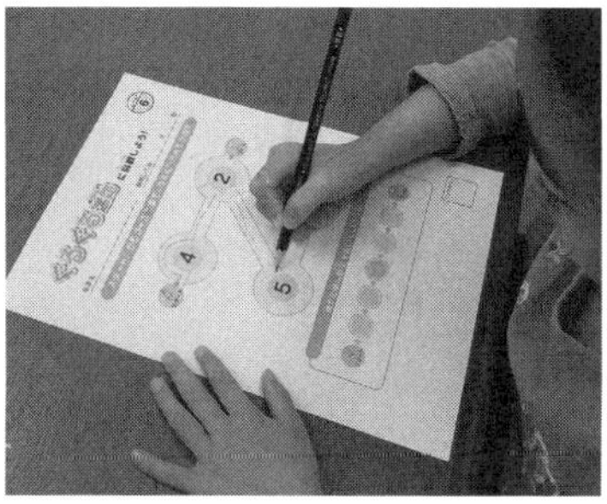

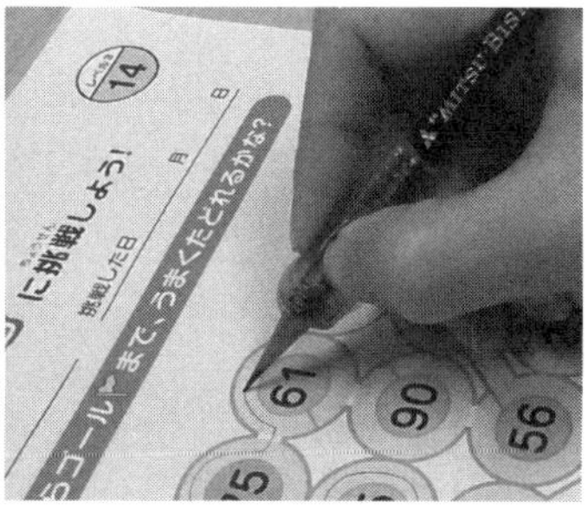

鉛筆を正しく持って，はみ出さないように線を引きましょう
右写真ではペンシルグリップを使っています

(61) ○×数字レースⅠ・Ⅱ

トレーニングレベル
★★☆
★☆☆
★★★

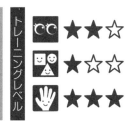

必要なもの 「○×数字レース」レベル1～4（knock knock 視覚発達支援トレーニングドリル），鉛筆

やり方 子どもは，○×数字レースⅠでは，条件に沿って，迷路中心部の記号や文字の上か下をたどります。

○×数字レースⅡでは，条件に沿って，迷路内の上下に並んだ数字や文字の周囲を8の字または○で囲むようにたどります。

ゴールまで行けたら指定された色をそれぞれ何回通ったかを数えて，記入欄に書き込みます。

ポイント 鉛筆を正しく持つために，必要に応じてペンシルグリップなどを使用しましょう。○×数字レースⅡでは，書き方がよく分からず困惑する子どもも見られます。「上を通り過ぎてから下がる」など声をかけ，ルール理解を促しましょう。

文字や数字が書いてある緑の円の中に入ってしまうことがあります。適当な場所に点を打ち，そこを通って線を書くようにするとショートカットするのを防げることがあります。

レベルアップ クレヨンやボールペン，筆ペンなど書き味の異なる筆記用具で書いてみましょう。

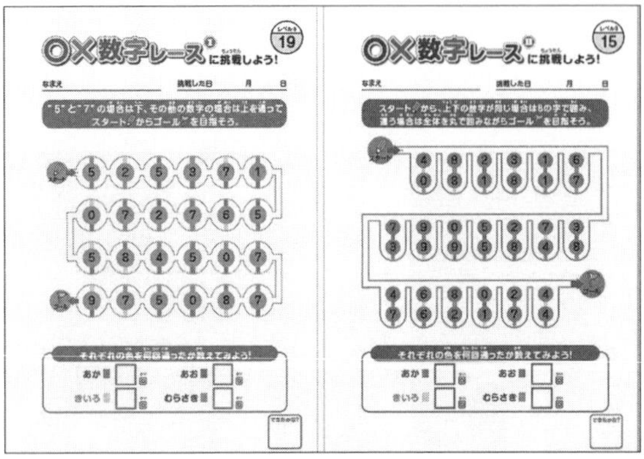

左）○×数字レースⅠ
右）○×数字レースⅡ

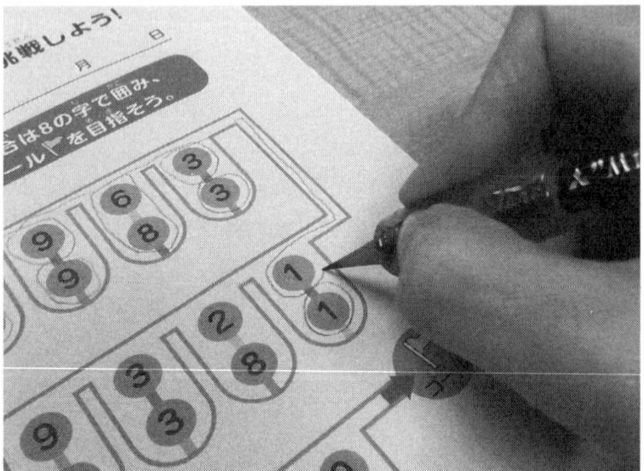

○×数字レースⅡでは，条件に沿って
8の字または大きく○で囲みます

62 マスコピー

◆ 必要なもの
「マスコピー」レベル1～4（knock knock 視覚発達支援トレーニングドリル），鉛筆

✿ やり方
子どもは，レベル1・2では左右に並ぶAとBのマスの空白部分に，お互いの同じ場所に書かれた数字や文字等を書き写します。

レベル3・4では上部に並ぶ2つのマスに書かれた数字や文字等を，下部の空白のマスの同じ場所にまとめて書き写します。書き写せたら，間違いがないか確認し，ページ最下部に書かれた文字や数字の並びを見つけて〇で囲みます。

❗ ポイント
視線を動かす練習ですので，できれば今書いている場所を指さしたりせずに取り組めるとよいでしょう。また，1行目，2行目または1列目，2列目と順番に書いていくようにしましょう。どこの段を書いているのか分かりにくい場合は，見本・書き写すマス両方に，蛍光ペンなどで上から2段目，4段目などにラインを引いておきましょう。ライン付きで何度か練習すると，ラインなしでもできるようになります。

必要に応じてペンシルグリップなどを使いましょう。

↗ レベルアップ
マスからはみ出さないように書くようにしましょう。

鉛筆を正しく持って書けるようにしましょう。

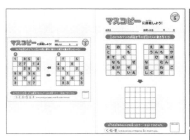

左）マスコピーレベル1・2
右）マスコピーレベル3・4

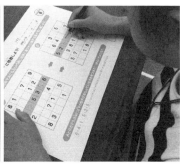

数字や文字，形を書き写します。右写真では，ヒントとなるラインを引いて取り組んでいます

2章　家庭・教室でできる〈プチ〉ビジョントレーニング　87

(63) 点つなぎⅠ

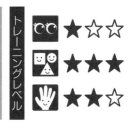

トレーニングレベル
★☆☆
★★★
★★☆

必要なもの 「点つなぎⅠ」レベル１～４（knock knock 視覚発達支援トレーニングドリル），鉛筆

やり方 子どもは，左側の見本と同じ図形を右側の記入欄に書き写します。記入欄にはあらかじめガイドとなるいくつかの点が示されていますので，見本の図形と同じ位置の点と点を線でつなぎながら，課題に取り組んでいきます。

垂直，水平だけの線から始まり，レベルが上がると斜め線や交差する線が出てきます。

ポイント 目と手の協応の弱い子どもの場合は，点をしっかり通れていなくても，形が合っていれば○にしてあげましょう。

形をとるのが難しい場合は，スタートの点に丸を付けてヒントにしてもいいでしょう。

左利きの子どもは，手で見本が隠れてしまい，書きにくくなってしまいます。プリントを反対に向けたり横向きにしたりして，見本が右または上にくるようにして練習してみましょう。

レベルアップ 形をしっかりとれるようになってきたら，点を通って書けるようにしましょう。

一筆書きができないか，考えて書いてみましょう。線のつながりを意識する練習になります。

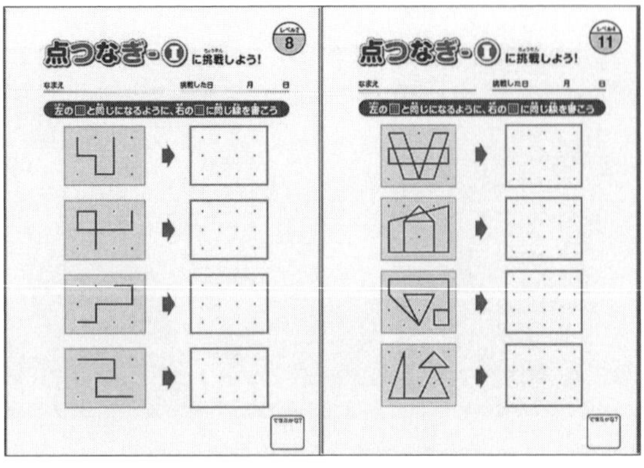

点つなぎⅠ

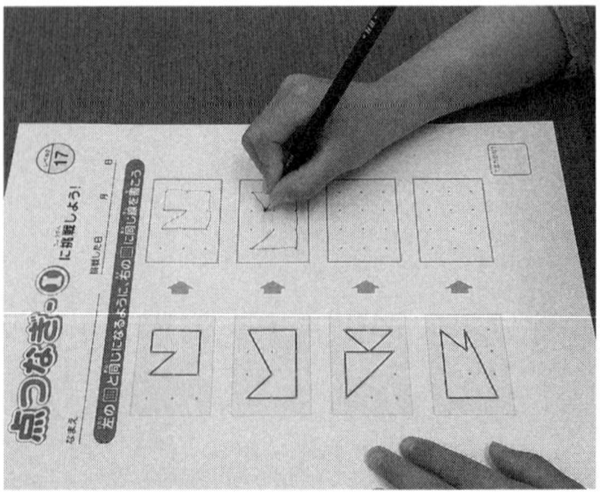

左側の見本と同じ形を書き写します

64 点つなぎⅡ

トレーニングレベル

◆ 必要なもの 「点つなぎⅡ」（knock knock 視覚発達支援トレーニングドリル），鉛筆

❀ やり方 子どもは，左側の見本と同じ図形を右側の記入欄に書き写します。記入欄にはあらかじめガイドとなるいくつかの点が示されていますので，見本の図形と同じ位置の点と点を線でつなぎながら，課題に取り組んでいきます。レベルが上がると，見本のなかのガイドとなる点が減っていくため，より難易度が高くなります。

❗ ポイント 目と手の協応の弱い子どもの場合は，点をしっかり通れていなくても，形が合っていれば○にしてあげましょう。

　形をとるのが難しい場合は，ジオボード（p.75）で形を作ってから書いてみましょう。

　左利きの子どもは，手で見本が隠れてしまい，書きにくくなってしまいます。プリントを反対に向けたり，横向きにしたりして見本が右または上にくるようにして練習してみましょう。

⚡ レベルアップ 形をしっかりとれるようになってきたら，点を通って書けるようにしましょう。

　高学年や中学生では左右対称，上下対称の形を書いてみるのもよいでしょう。

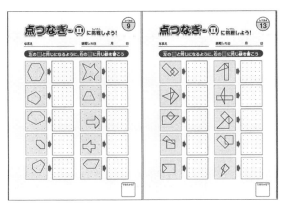

点つなぎⅡ

ジオボードで形を作ってから書くと，
正しい形をイメージしやすくなります

2章　家庭・教室でできる〈プチ〉ビジョントレーニング　89

㊹ パソコンを使ったトレーニング

◆ **必要なもの** パソコンや，iPad などのタブレット，「WAVES」トレーニング（学研教育みらい），「ビジョントレーニングⅡ」（レデックス），「しっかり見よう」（理学館）など

現在では，パソコンやタブレットを使ったトレーニングアプリやトレーニングプログラムも開発されています。子どもが興味や関心をもちやすい道具を使って練習するのもよいでしょう。

例）

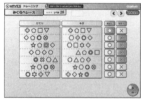

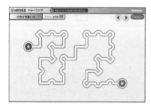

上から「みくらべレース」「ぽいぽいレース」「イライラめいろ」（開発中のため，発売時の画像と異なる可能性があります）

WAVES デジタルトレーニング
（奥村智人監修，学研教育みらい）
眼球運動，視覚認知，目と手の協応のトレーニング6種類「みくらべレース」「マスコピー」「ぽいぽいレース」「かたちめいじん」「イライラめいろ」「えんぴつめいじん」を行うことができる（2018年度中に発売予定）

ビジョントレーニングⅡ
（北出勝也監修，レデックス）
対象年齢3歳～大人
眼球運動，ジオボード，タングラムなどのトレーニングを行うことができる

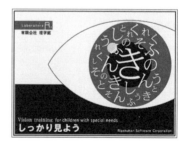

しっかり見よう　Windows
（奥村智人制作指揮，理学館）
眼球運動，視覚探索能力のトレーニング6種類を行うことができる

2 ビジョントレーニングの進め方

1. トレーニング内容の選択〜具体物からプリント教材へ〜

アセスメントによって，視覚関連機能のなかで，ある領域またはいくつかの領域で弱さがみられ，トレーニングを行おうとしたときに，どのくらいのレベルから取り組んだらよいか悩むところだと思います。

基本的には，「絶対できるだろう」「これは簡単すぎるかも」と思われるところから始めていただきたいと思います。

大人でも初めて取り組む活動というのは，できるかどうか緊張するものです。最初に簡単にできると「あ，大丈夫かも」「あ，できるかも」と安心します。逆に難しかった場合は再度やってみよう，とはなかなか思えないものです。子どもも同じです。やってみて簡単すぎる場合は，すぐ次のレベルに進めばよいのです。最初に「できる」と安心してもらい，そこから少しずつレベルを上げていくようにしましょう。

楽しそうにやっていたり，続けたがったりするようであれば，それは今本人にとって必要なものであることが多いので，楽しめるように工夫し，継続して取り組みましょう。そのなかで少しずつルールを緩めたり厳しくしたりしてレベル調整をしましょう。同じトレーニングでも，気を付けるポイントや合格とする基準を変えることで難易度が変化します。

ちょっと難しいけれど，がんばったらできるレベルの課題は，少しだけ行いましょう。できたときの達成感は大きいですが，何度も行うのは負担が大きく長続きしにくいです。

教材としては，手や体で具体物を操作するトレーニングから行うようにしましょう。人間の見る力は生まれもって備わっているものではなく，他の感覚や運動と連動する活動を行うことで発達していきます。トレーニングもただ「見る」ことだけを繰り返しても，見る力を高めることはできません。そこで必要になってくるのが，見ることと体や手を動かすことを連動するトレーニングです。三次元の空間のなかで具体物を自分の手で操作し，体験することで自分と物との関係性，自分の周りの空間への理解を深めます。その活動を繰り返していくことが，抽象的な平面の形や位置関係を認識する基礎になります。このような理解が深まることによって，紙の上に書かれたものでもイメージしやすくなり，書く・描くなどの活動ができるようになっていきます。

1回に取り組む時間はそれぞれのトレーニング5〜10分くらい，全体で10〜20分くらいにおさめましょう。1回にたくさん取り組むより少しずつでも定期的に継続して行うことが大切です。

2. トレーニングを行う際の留意点

❶環境を整えましょう

トレーニングに取り組む環境が大切です。注意力・集中力に弱さのある子どもの場合には，余計なものが視界に入ることがないようにしたり，静かな環境で取り組めるようにしたりしましょう。

姿勢保持が難しい場合には，滑り止めシートを座面に敷いたり，斜面台を利用したりして，安定した姿勢で取り組めるようにします。

❷見る場所を分かりやすく示しましょう

「見る力」に弱さがある子どもの場合，物を操作したり，活動を行っている際に，手元や操作している物を漠然と見ているだけで，見るポイントやタイミングがずれていることが多くあります。子どもの注意をひきつけ，注目するポイントやタイミングを具体的に説明したり示したりするなどして，きちんと見ていることを確認しながら活動をするようにしましょう。

❸動きを見せましょう

初めて経験することは，言葉で説明されたり，写真や絵を見せられたりしてもどのように行えばいいのかイメージすることは難しいものです。実際やって見せ，動きをまねることで理解しやすくなります。最初は1つの動作ごとにまねさせ，徐々に複数の動作をまとめていき，動きの見本なしでもできるようにしていきましょう。

また，視覚認知トレーニング（例えば，積木模倣Ⅰ～Ⅳ，タングラムⅠ～Ⅲ，立体パズルⅠ～Ⅲ，ジオボードⅠ～Ⅲなど）で，積木やパズルを置く場所や方向，ゴムをかける場所がなかなか分からないとき，「もう少し右だよ」とか「上から2段目だよ」など言語で場所を説明することはできるだけ避けましょう。子どもが間違っているときは「どこかな？」「よく見て」という掛け声と共にもう一度見本を作る動きをゆっくり見せることで，同じ位置，同じ向きに操作できるように促しましょう。また，通常課題を行うときには子どもと対面していることが多いと思いますが，対面では左右が混乱してしまう場合，子どものすぐ横でやって見せることもよいでしょう。

❹難易度の調整に気を付けましょう

課題に取り組む際は，子どもが安心して取り組める難易度のものを行いましょう。特に最初は簡単すぎるかも，と思うくらいのものから始めましょう（p.94参照）。

難しいものは課題に含まれる要素を整理して，少しずつ取り出して指導を行い，力がついてきていることを確認しながら複数の要素が含まれる課題へと難易度を変化させていきましょう。

❺考えているときは見守りましょう

　難易度の調整によって子どもができるものをトレーニングとして提供することが基本ですが，いつも簡単なものばかりでは子どももあきてしまいます。時にはチャレンジ問題を入れて，子どもが自分で解決するのを気長に待つことも必要です。

　どうしても難しくてできそうにないときはヒントを出し，さりげなく手伝いつつ，最終的には子どもが「自分でできた」と思えるようなサポートが大切です。こうしたことが，課題への意欲を保ち，さらに挑戦しようという気持ちを生み出します。

❻発達特性を考慮しましょう

　ADHD の特性がある子どもは，注意力・集中力の弱さがあり，トレーニングにも影響が出る可能性があります。具体的には，「単純な間違いが多く，見直しができない」「教材の細部を見過ごしたり，指示や説明を聞き逃したりして作業が不正確になる」「精神的努力の持続が必要な課題を避ける」などの特徴がみられます。このような場合には，「指示を聞いてやることを理解できたかどうか，本人に復唱させたり，説明させたりして確認を行う」「確実にやり終えることができる課題の量を見極め，少ない量を確実に終わらせることを目標にする」「今やっているトレーニングに必要ない物は机の上に置かない」などの配慮が必要です。

　ASD の特性がある子どもは，社会性やコミュニケーションに弱さがあり，常同的な行動やこだわり，興味の偏りがみられることが多いです。具体的には，「自分が間違っていることや失敗してしまったことを受け入れることができず，間違いを修正できない，次の問題に進めない」「指示や指導に従おうとせず，自分なりのやり方に固執してしまう」「新しい内容に進んだ際，新奇なやり方や初めての教具の操作に慣れるまでに時間がかかる」「トレーニングの内容によって興味の偏りが大きい」などの特徴がみられます。このような場合には，「スケジュール表を作って，見通しをもってトレーニングに取り組めるようにする」「確実にできる課題を行い，失敗経験をしないようにする」「毎回 8 割程度は前回と同じ訓練内容をプログラムに組み込み，安心して取り組めるように工夫する」「興味に合わせた訓練内容を提供する」などの配慮が必要です。

3.ビジョントレーニングの難易度調整

❶対象物の大きさと数

　目で見るまたは手で操作する対象物の大きさは大きいものから小さいものに，数は少ない数から多い数に段階的に移行していきます。対象物の大きさや数を変化させることによって，視覚的注意や目と手の協応への負荷を高める効果があります。

【例】大きさの変化　大きい→小さい：ぬいぐるみをつかまえようⅠ～Ⅲのぬいぐるみ

　　　　　　　　　　　　　　　　　コラムサッケードの数字，積木移動Ⅰ～Ⅲの積木　など

　　　数の変化　　　少ない→多い　：ボールキャッチⅠ～Ⅳのボールやビー玉

　　　　　　　　　　　　　　　　　アイロンビーズすくいⅠ～Ⅲのアイロンビーズ　など

---

❷目で見る・手で操作する範囲

　トレーニングで要求する，見たり手で操作したりする対象物が置いてある範囲は狭い範囲から広い範囲に移行していきます。トレーニングを行う範囲を変化させることによって，注意を向けることができる有効視野の拡大や眼球や手のより大きな運動が求められます。

【例】ボールを渡す位置　　視野の中央→周辺：くるくるチャイムⅡ・Ⅲ

　　　揺らす対象物の振り幅　小さい→大きい：ぬいぐるみをつかまえようⅠ～Ⅲ

---

❸動作

　トレーニングで要求する，目または手・体の動きは単純なものから複雑なものへ，1つの動きから連続の動きまたは複数同時の動きへ移行していきます。動作の複雑さを変化させることによって，それぞれの動きの精度を高め，自動化（考えることなくその動きができるようになること）を促す効果があります。

【例】手　利き手のみ→非利き手のみ→両手同時：スラップタップⅠ～Ⅲ

　　　指　親指と人さし指でつまむ動作

　　　　→中指，薬指，小指側で消しゴムを握った状態でつまむ動作

　　　　→反対の手の親指と人さし指で物をつまみ，操作する手の中指，薬指，小指側で消しゴ

　　　　　ムを握った状態でつまむ動作：積木移動Ⅰ～Ⅲ

---

❹体勢

　トレーニングを行う際の体勢は，変化可能なものであれば，「仰向けで寝て」「座って」「立って」「バランスボードに乗って」「トランポリンをしながら」と移行していきます。姿勢を変化させることによって，視覚と前庭覚，固有覚，触覚の統合への負荷を高めていきます。

【例】コラムサッケード，ぬいぐるみをつかまえようⅠ～Ⅲ　など

❺認知的負荷

　目または手や体の動きに認知的負荷を組み合わせていきます。認知的負荷を組み合わせることによって，目や手・体の動きの自動化を促す効果があります。

【例】口頭で足し算の問題に解答しながら：ぬいぐるみをつかまえようⅠ～Ⅲ
　　　○の位置が左右どちらにあるか唱えながら：スラップタップⅠ～Ⅲ　など

❻速度・タイミング

　目または手や体の動きが正確にできるようになってきたら，時間制限をつけて速度を求めたり，メトロノームの音に合わせて速度やタイミングを求めたりしていきます。速度やタイミングを求めることにより，目や手・体の動きの自動化を促す効果があります。

【例】メトロノームの音に合わせて：スラップタップⅠ～Ⅲ
　　　時間制限をつけて：ペグボードⅠ～Ⅲ，タングラムⅠ～Ⅲ　など

4.ビジョントレーニング基本プロトコル

各領域の基本的なビジョントレーニングの流れを以下に示します。

アセスメント

眼球運動が弱い	視覚認知が弱い	目と手の協応が弱い

具体物によるトレーニング

ステップ1
実際の空間で，手や体を使いながら，ゆっくり動く（大きい）物を見続ける力を育てる
【トレーニング例】
　くるくるチャイムⅠ
　ぬいぐるみをつかまえようⅠ

ステップ2
実際の空間で，手や体を使いながら，早く動く（小さい）物を見続ける力を育てる
【トレーニング例】
　ビー玉迷路Ⅰ～Ⅲ
　ボールキャッチⅡ・Ⅲ

ステップ3
実際の空間で，手や体を使いながら，視覚探索する力を育てる
【トレーニング例】
　積木移動Ⅰ～Ⅲ
　電車を追いかけようⅠ～Ⅲ

具体物によるトレーニング

ステップ1
実際の空間で，具体物の形態的または空間的な要素を弁別する力を育てる
【トレーニング例】
　タングラムⅠ
　積木模倣Ⅰ

ステップ2
実際の空間と具体物を使って，見本を作る動作をまねして同じ形を作る力を育てる
【トレーニング例】
　積木模倣Ⅱ
　立体パズルⅠ・Ⅱ

ステップ3
実際の空間と具体物を使って，見本と同じ形を作る力を育てる（動作は見せない）
【トレーニング例】
　タングラムⅡ・Ⅲ
　立体パズルⅢ
　ジオボードⅠ～Ⅲ

具体物によるトレーニング

ステップ1
実際の空間で，手や体を使いながら，ゆっくり動く（大きい）物を見続ける力を育てる
【トレーニング例】
　くるくるチャイムⅠ
　ぬいぐるみをつかまえようⅠ

ステップ2
実際の空間で，対象をしっかり見ながら，手や指先で物を操作する力を育てる
【トレーニング例】
　ビー玉迷路Ⅰ～Ⅲ
　バランスゲームⅠ～Ⅲ

ステップ3
より運筆の動作に近い（より複雑な），見る力・手や指をコントロールする力を育てる
【トレーニング例】
　いちごケーキⅠ～Ⅲ
　ペグボードⅠ～Ⅲ

プリント・PCによるトレーニング

ステップ4
二次元の空間（紙やモニター上）で，より早く動く物を見続ける，より小さい物を視覚探索する力を育てる
【トレーニング例】
　みくらべレース（PC※）
　見くらべレース
　マスコピー（PC※・プリント）

プリント・PCによるトレーニング

ステップ4
二次元の空間（紙と鉛筆）で弁別・模写する力を育てる
【トレーニング例】
　かたちめいじん（PC※）
　ぽいぽいレース（PC※）
　点つなぎⅠ・Ⅱ

プリント・PCによるトレーニング

ステップ4
鉛筆やタッチペンを使って，運筆の力を育てる
【トレーニング例】
　えんぴつめいじん（PC※）
　イライラめいろ（PC※）
　ぐるぐる迷路
　○×数字レースⅠ・Ⅱ

※WAVESデジタルトレーニング（p.90）に含まれるトレーニング

5. トレーニングの進め方〜眼球運動〜

　アセスメントで眼球運動が弱いと分かった場合に，どのような順番でトレーニングを進めていけばよいでしょうか。まずは，単純な眼の動きを含むもの，そして三次元の空間のなかで具体物を使って行うものから始めて，徐々にステップアップしていきます。

　基本プロトコル（p.96）ではステップ1から4までに分けていますが，これはあくまでも基本的な流れを示しているだけで，実際には子どもの能力や年齢により，ステップ1・2はほとんどせずにステップ3から始めることもあるでしょうし，ステップ1の課題とステップ2の課題を行ったり来たりすることもあると思います。子どもの状態やトレーニングに取り組む様子を見ながら，課題を選択していきましょう。

　ステップ1は1点を見つめる力を養うことを目的とします。操作するものを見ていないとうまくできないような課題に取り組みます。この際，実際の空間で自分の手や体で物を操作しながら行うことが大切です。眼球運動が弱いという場合，「目を動かす」ことに問題があると思いがちですが，まずは目標物に注意を向け，そこを見つめ続ける力が基本になります。紹介したトレーニングのなかではくるくるチャイムⅠ，ぬいぐるみをつかまえようⅠなどがこれに該当します。

　ステップ2は実際の空間で，手や体を使いながら動く物を見続ける力を育てることを目的とします。ビー玉迷路Ⅰ〜Ⅲ，ボールキャッチⅡ・Ⅲなどがこのステップに該当します。

　ステップ3は実際の空間で手や体を使いながら視覚探索をする力を育てることを目的とします。視覚探索とは，さまざまなものが目に入ってくるなかで，自分が目的とするものを見つけ出す力です。日常生活や学習の場面でいえば，たくさんの人がいるなかで友達を見つけたり，黒板のなかから今自分が書くべき単語を見つけたりするような活動です。ただ目を動かすだけではなく，意図的に目的をもって目標物を探し，注意と視線を目標物に向ける段階です。紹介したトレーニングのなかでは，積木移動Ⅰ〜Ⅲ，電車を追いかけようⅠ〜Ⅲなどがこれに該当します。

　ここまでが実際の空間で行うトレーニングのステップです。ステップ1〜3で基本的な目の動き，視覚探索の力を育てたうえで，**ステップ4**のプリントやパソコンなどの二次元の空間でトレーニングを行います。教科書や黒板に書かれたものをノートに書き写すことを想定した状況で，うまく目を動かすことができるように練習をするために，「鉛筆で書く」という操作を入れながらの活動になります。

　紹介したトレーニングのなかでは，みくらべレース（PC），マスコピー（PC），見くらべレース，マスコピーなどがこれに該当します。タブレットを使ったデジタル教材とプリント（紙＋鉛筆）教材の両方がそろっている場合は，デジタル教材から始め，その後プリント教材に移行していきます。

2章　家庭・教室でできる〈プチ〉ビジョントレーニング　97

6. トレーニングの進め方〜視覚認知〜

　次に，視覚認知の弱さがあった場合のトレーニングの進め方です。基本は眼球運動のトレーニングと同様に，まずは三次元の空間のなかで具体物を使い，自分で操作をしながら行う課題に取り組み，少しずつ難易度を上げていきます。

　ステップ1では，実際の空間と具体物を使って弁別する力を育てます。同じ大きさの三角を集めたり，四角を集めたりするなかで自分の手で角を触ったり，重ねてみて同じ大きさだと確認するなど，自分で納得していくことが大切です。紹介したトレーニングのなかではタングラムⅠの形や色の仲間集めゲーム，積木模倣Ⅰなどがこれに該当します。形を比べて同じ，違う，が分かるようになってから，自分で同じ形を作っていくというステップに進みます。

　ステップ2で，自分で形を作る課題に取り組みますが，視覚認知の弱い子どもでは，形の見本を見ただけではどう作っていいのか分からない，ということがよくあります。また，子どもの目の前で見本の形を作っていても，その動きを注意して見ていなかったり，全部を同じようにするのは難しかったりします。そのため，この段階では，大人が形を作る工程を見せ，その動きをまねさせて形を作っていく，という練習をします。紹介したトレーニングのなかでは積木模倣Ⅱ，立体パズルⅠ・Ⅱなどがこれに該当します。

　ステップ3では，ステップ2と同じように実際の空間で具体物を操作して自分の手で形を構成していく課題を行います。ステップ2との違いは，作る形の見本が完成形として提示されることです。このとき，子どもが使っている具体物と同じ具体物で見本が提示される段階から，写真やイラストなど二次元の物を見本として提示する，というように見本の提示方法も変化させていきましょう。その際もできれば最初は，重ねれば答え合わせができるように原寸大の見本を使用し，できるようになってから大きさの異なる（一般的には小さい）見本を提示するようにするとよいでしょう。紹介したトレーニングのなかでは，タングラムⅡ・Ⅲ，立体パズルⅢ，ジオボードⅠ〜Ⅲなどがこれに該当します。

　ステップ3で十分練習を行った後，紙と鉛筆を使ったプリントやPCでの練習**ステップ4**に移りましょう。紹介したトレーニングのなかではかたちめいじん（PC），ぽいぽいレース（PC），点つなぎⅠ・Ⅱなどがこれに該当します。タブレットを使ったデジタル教材とプリント（紙＋鉛筆）教材の両方がそろっている場合は，デジタル教材から始め，その後プリント教材に移行していきます。

　視覚認知の課題では，ステップが上がる際，形の難易度はいったん易しいものに戻って練習し，徐々に難しいものにしていきましょう。

7. トレーニングの進め方〜目と手の協応〜

　次に，目と手の協応の弱さがあった場合のトレーニングの進め方です。目と手の協応も眼球運動のトレーニングと同様に，まずは三次元の空間のなかで具体物を使い，自分で操作をしながら行う課題に取り組み，少しずつ難易度を上げていきます。

　ステップ1では，まず実際の空間で1点を見つめる力，動く物を見続ける力を育てます。操作をする際には，操作している場所を「見る」必要がありますが，その「見る」ことがうまくできない場合には，このステップが必要になります。眼球運動が弱い場合（p.97）と同様の練習が必要になり，眼球運動のトレーニングと目と手の協応のトレーニングは内容が重なります。詳しくは次の「8.トレーニングの組み合わせ」で説明します。

　ステップ2では，実際の空間で，具体物を見ながら手や指先を操作する力を育てていきます。このときには，操作するところをしっかり見ないとうまくいかない，というような活動を取り入れるようにします。紹介したトレーニングでは，ビー玉迷路Ⅰ〜Ⅲ，バランスゲームⅠ〜Ⅲなどがこれに該当します。このとき，子どもが注目すべき場所を見ているか，手や指の使い方は正しいかをよく観察しましょう。そしてきちんとできているときにはできていることを指摘してほめ，できていないときにはどうするとよいか具体的に指示しましょう。詳細は，それぞれのトレーニングのページを参考にしてください。

　ステップ3では，運筆に必要な力に焦点をあてて，トレーニングを行います。ここではステップ2のとき以上に，指先の使い方に注意しましょう。紹介したトレーニングでは，いちごケーキⅠ〜Ⅲ，ペグボードⅠ〜Ⅲなどがこれに該当します。物を挟んで持つ際に気を抜くと親指と人さし指ではなく，つい親指と中指を使ってしまうことがあります。人さし指を使うことができるように，子どもにも意識してもらうように声かけをしましょう。

　ステップ3で十分練習を行った後，紙と鉛筆を使ったプリントやタッチペンを使った練習**ステップ4**に移ります。紹介したトレーニングでは，えんぴつめいじん（PC），イライラめいろ（PC），ぐるぐる迷路，○×数字レースⅠ・Ⅱなどがこれに該当します。タブレットを使ったデジタル教材とプリント（紙＋鉛筆）教材の両方がそろっている場合は，デジタル教材から始め，その後プリント教材に移行していきます。この際，不器用さがあるにもかかわらず，これまでたくさん書くことをしてきた子どもでは，鉛筆を持つこと自体に抵抗を示すことがあります。その場合は，鉛筆以外の筆記用具，例えばクレヨンや色鉛筆，油性ペン，マーカー，筆ペンなどを使って練習することで，意欲を引き出すことができる場合があります。また，ペンシルグリップを利用するなどして，楽に正しく持てる状態で練習を重ねてから，ペンシルグリップを外して練習をするようにしましょう。

8.トレーニングの組み合わせ

　ここまでは，眼球運動，視覚認知，目と手の協応のそれぞれについて，どのようにステップアップしていくかを紹介しました。しかし，3領域のうちの2つ，または3つというように複数の領域にわたって弱さがある場合もしばしば見られます。そのようなときには，どのようにトレーニングを進めていくとよいのでしょうか。ここでは，複数の領域のトレーニングの進め方について，説明します。

　子どもの成長の過程では，乳幼児期から学童期にかけて，眼球運動と目と手の協応が土台となり，視覚認知が育っていきます。ビジョントレーニングにおいても，まずは「注目して目標物を見ること」と「目と手や体を連動させて物を操作できること」が基本になり，優先して取り組む必要があります。その後，視覚認知のトレーニングを組み合わせていくとスムーズにステップアップすることができます。2章1で紹介しているトレーニングは，著者らの経験に基づいて発達的に初期段階の活動から高度な活動へと並べてあります。トレーニングプログラムを考える際の参考にしてください。また，本書ではそれぞれのトレーニングに，眼球運動，視覚認知，目と手の協応の要素がどの程度含まれているか3段階で示してあります。眼球運動と目と手の協応の両方に弱さがある場合は，眼球運動と目と手の協応の両方の要素が含まれた（両方が3に近い段階付けのある）トレーニングを選択するとよいでしょう。

　本書では，机上でできる手元の空間を使った指や手の操作を行うものを中心に紹介しています。実際にはより大きな空間の理解や，大きな筋肉を使った体の動きが求められることもあります。体の動き全体の協調運動に弱さがある場合，または視覚的な要素だけでなく，前庭感覚，固有感覚，触覚も含む感覚やその連動に弱さが疑われる場合には，広い空間と体全体を使ったトレーニングが必要です。感覚統合訓練を中心とした作業療法など，より多くの感覚や体全体の協調運動を意識した練習も基礎づくりとして，または並行して行うようにしましょう。本書で紹介した眼球運動や目と手の協応のトレーニングを行う際も，バランスボードやトランポリンを組み合わせることによって，視覚以外の感覚や体全体の動きの連動などの要素もある程度含むことができます。

3章

苦手さのある子どもへの
ビジョントレーニング
指導事例

1

黒板・教科書の内容を書き写すのが苦手だったGちゃん

1 子どもの様子

　Gちゃんはがんばりやさんで明るい小学2年生の女児です。学校では長休みの時間は，仲のよい友達5人グループで室内でよく遊んでいます。外遊びにはあまり興味がなさそうです。授業中は先生の話をしっかり聞き，手を挙げて発表することもあります。Gちゃんは生活と図工の授業は楽しそうですが，国語には少し苦手意識をもっているようです。

　家ではお風呂掃除や食器洗い，ご飯の用意など，進んでお手伝いをしているようです。

　1年生時の担任からは特に引継ぎ事項はありませんでしたが，黒板の内容を書き写す量が多くなったためでしょうか，授業時間内に写し切れないことがあるようで，休み時間までかかってなんとか写しているようです。

　保護者の話では，計算ドリルの問題をノートに写してから問題を解く宿題では，とても時間がかかってしまい，イライラしたり，涙ぐんだりしてしまうことがあるそうです。ドリルに直接書き込んでいいときは，短時間で終わるそうです。ノートに問題を写して解く場合は，計算ミスも多いようです。

2 苦手さの原因と対応

　休み時間まで黒板の内容を書き写していたり，家での宿題の様子を保護者から聞いたりした担任は，校内研修で聞いた「見る力に関するチェックリスト」（p.110）を付けてみました。すると，4つの領域のうち，「読み書き関連の視活動」の点数が基準より高くなることが分かりました。そこで，原因を探るために，特別支援教育コーディネーターの先生に相談したり，保護者の了解を得て検査をしてもらったりしました。

　その結果，Gちゃんは文字や単語を読んだり書いたりすることや目の動きが苦手だということが分かりました。専門家の先生からは「黒板や教科書の内容をノートに書き写したり，本をスムーズに読んだりするには，文字や単語をスムーズに読み書きすることと同時に，目の動きが正確に行えることも大切です。Gちゃんは読み書きそのものに苦手さがあるのに加えて，目の動きの苦手さもあるので，書き写しの作業がとても大きな負担になってしまっているようですね」（詳しくはp.13「2　アセスメントに基づいたトレーニング」1.参照）と原因について教えてくれたのと同時に，「まずは，読み書きの負担を軽減して，授業の内容をきちんと理解することが大切です。授業中に黒板の内容を書く時間をつくり，その時間でGちゃんが書き

102

切れる量に書き写しの内容を調整できるといいですね」と**学級での配慮**を提案してくれました。さらに「読み書きについては，個別で学ぶ機会が必要です。通級指導教室の活用を保護者と相談してみてはどうでしょうか」と**個別の指導**についても勧められました（詳しくはp.17「3ビジョントレーニングと組み合わせるべき合理的配慮」参照）。

「目の動きが上手になる**トレーニング**方法を紹介しますので，取り組んでみてください」といくつかの練習方法を教えてくれました。

3 取り組んだトレーニング

専門家の先生から教わったトレーニングは，次のようなものでした。トレーニングは通級指導教室での指導前後や家庭で取り組むことにしました。

- ボールキャッチⅡ，Ⅲ（p.37，38）
- 目のたいそう ゆっくり（p.31）
- 目のたいそう はやい（p.32）
- 積木移動Ⅱ，Ⅲ（p.51，52）
- コラムサッケード（p.83）

4 子どもの変化

学級では，授業時間のなかで「聞く時間」「考える時間」「書く時間」を分けるようにしました。Gちゃんは「書く時間」に，先生が枠で囲った「大事なポイント」を書き写し，時間が余っていればその他の内容も書くようにしています。Gちゃんと同じように書き写しが苦手なクラスメイトは「大事なポイント」だけを書いているようです。Gちゃんは「書く時間があるから安心。先生のお話がちゃんと聞けるようになった」とうれしそうに報告してくれました。

また，宿題で手こずっていた計算の書き写しも，保護者がノートに写し，Gちゃんが解くという方法で時間をかけずにこなすことができるようになりました。トレーニングをしているうちに，計算の書き写しは「自分で書く」と言って自分でするようになりました。以前は時間がとてもかかったり，計算ミスが多くなったりしていましたが，今ではそういうこともなく，「計算の宿題は大丈夫」と自信をもっているようです。

読み書きについては，通級指導教室を利用するようになりました。「きゃ・きゅ・きょ」といった拗音などの特殊音節のルールを整理して教えてもらったり，分かって使える言葉を増やしたり，漢字の覚え方の工夫を教えてもらったりしています。

※発達性ディスレクシア（http://square.umin.ac.jp/dyslexia/FactsheetJDRA_002.pdf）の判定がある，または疑われる場合は，その特性に合わせた支援を優先的に行いましょう。

2

漢字を覚えるのが苦手だったＦくん

1 子どもの様子

　Ｆくんは運動の得意な小学３年生の男児です。学校では長休みの時間はクラスの友達や上級生に交ざってドッジボールをしていることが多く，地域の少年野球にも参加しているそうです。授業中は教室では目立つ存在ではありませんが，体育の授業は他の子どもの模範演技をしてもらうほどどの競技でも上手にこなします。Ｆくんは苦手な教科は特になさそうですが，漢字のテストは点数が伸びません。止め，はね，はらいまで意識して書くよう指導されていますが，なかなか身につきません。

　家では姉と弟がいて，ケンカが絶えないとは聞きますが，今年の夏休みは３人だけで電車に乗っておじいちゃんの家に遊びに行ったそうです。

　保護者の話では，姉に比べると漢字を覚えるのに苦労しているようで，漢字テストの前日は親子で長い時間練習しているそうです。漢字テストでは「書けた」と思っても，止めやはねが正確でないために点数が取れず落ち込んでいます。また，せっかく覚えた漢字もしばらくするとあやふやな記憶になってしまうようです。ノートもひらがなばかりで書いてあるため，「漢字を使って書くように」と指導されていますが，なかなか改善しないようです。あまりに覚えが悪いため，保護者から「どうしたらよいでしょう」と相談がありました。

2 苦手さの原因と対応

　保護者からの相談を受け担任は，校内研修で聞いた「読み書き障害」に該当するのではないかと，Ｆくんの音読の様子や文章理解の程度，ノートの文字に特徴がないかなどを改めて確認してみました。その結果，音読や文章理解に問題はないようです。しかし，ノートを見てみるとほとんどひらがなで書かれています。何が原因になっているのか，特別支援教育コーディネーターの先生に相談したり，保護者の了解を得て，検査をしてもらったりしました。

　その結果，ＷＡＶＥＳという検査で「形さがし」「形づくり」「形みきわめ」「形おぼえ」「形うつし」といった形の特徴を正確に捉えたり，形のイメージを記憶したり，形をかき写すことが苦手だということが分かりました。専門家の先生からは「担任の先生がおっしゃるように，読みの問題は認められませんでした。書きについては，まったく思い出せない，ということはないようですが，思い出すのに非常に時間がかかっています。また，似たような字は書いていますが，線が足りなかったり多かったりすることもあります。ノートを書くときにスムーズに

は書けないので，ひらがなで書いてしまっている可能性もありますね。漢字をなかなか覚えられない原因の1つとして，「形を捉える力」「形を覚える力」「形をかき写す力」が弱いことが考えられます」（詳しくはp.13「2　アセスメントに基づいたトレーニング」1.参照）と原因について教えてくれたのと同時に，「漢字の採点については，文化審議会国語分科会の指針*にもあるように柔軟に行うのがよいと思います。また，新出漢字が出てきた際はできれば漢字を構成するパーツを示したり，部首や成り立ち，意味についても解説したりしていただけると漢字を覚え，思い出す手がかりになります」と**学級での配慮**を提案してくれました。さらに「漢字の覚え方については，通級指導教室などでFくんに合う方法を検討し身につけられるといいですね。保護者と通級の利用を相談してみてはどうでしょうか」と**個別の指導**についても勧められました（詳しくはp.17「3　ビジョントレーニングと組み合わせるべき合理的配慮」参照）。

　「形を捉える力をつけるための**トレーニング**方法を紹介しますので，取り組んでみてください」といくつかの練習方法を教えてくれました。

＊常用漢字表の字体・字形に関する指針
　http://www.bunka.go.jp/seisaku/bunkashingikai/kokugo/hokoku/pdf/jitai_jikei_shishin.pdf

3　取り組んだトレーニング

　専門家の先生から教わったトレーニングは次のようなものでした。トレーニングは通級指導教室での指導前後や家庭で取り組むことにしました。

- ・ジオボードⅡ，Ⅲ（p.76，77）
- ・タングラムⅡ（p.70）
- ・積木模倣Ⅱ，Ⅲ（p.66，67）
- ・点つなぎⅠ，Ⅱ（p.88，89）

4　子どもの変化

　学級では，新出漢字が出てきた際に，部首を確認したり，漢字のなかにこれまで習った漢字が隠れていないか見つけて発表したりするという取り組みをしています。また，漢字テストでは，止め，はね，はらいについては柔軟な対応をするようにしています。Fくんは，がんばってテスト勉強をしてくると点数が取れるようになり，喜んでいます。また，少しずつ普段のノートにも漢字を使おうという様子が見られるようになってきました。

　通級指導教室では，漢字を自分でパーツ分けし，語呂合わせを作って覚える方法が有効と分かり，自宅での練習の際も保護者と一緒に語呂合わせを作っているそうです。

　保護者からは漢字テスト前日の勉強も，以前に比べ半分程度の時間で済むようになり，また忘れにくくなっている気がしますとうれしい報告をいただきました。

3

工作が苦手だったCくん

1 子どもの様子

　Cくんは翌年小学生になるのを楽しみにしている，幼稚園年長の男の子です。園には，毎日楽しく通っています。外遊び，お歌，絵本，体操，お絵かき，おままごとなどなんでも意欲的です。友達とも仲よくでき，時にはけんかの仲裁をしていることもあるようです。ただ，幼稚園の先生，保護者ともに気になっているのが，道具の使い方です。箸がまだ持てずにフォークか手づかみで食べています。ハサミは切っているうちに線から大きく外れてしまい，切り終わった形は，どんな形を切り抜きたかったか分からない状態になってしまったり，途中で「無理…」と言い，先生にしてもらったりしています。また，ひらがなを読むことはできますが，書くことはしたがりません。朝登園した際に，帳面にシールを貼るのですが，ほとんどが枠からはみ出してしまっています。

　保護者は，周りの子どもたちが箸を使って食べたり，鉛筆でひらがなを書いたりしているのを見て，だいぶ焦りを感じているようです。幼稚園の先生にも，たびたび相談されています。

2 苦手さの原因と対応

　幼稚園の園長と担任は，保護者からの相談を受け，巡回相談の先生が来園されたときに，相談をしてみました。Cくんの様子も見てもらうと，「不器用さもありますが，手元を見ていないような…。専門の先生に診てもらった方がいいかもしれませんね」とのことでした。

　その話を保護者に伝えると，早速検査の申込をされました。結果は，園の先生も同席して聞きました。

　検査の結果，「視力や調節，両眼視などの視機能や形を捉える力には問題は認められませんでした。しかし，眼球運動にやや弱さが見られるのと，目と手の協応に弱さが見られました。検査場面や検査後に少し遊びをしてみましたが，Cくんは手元を見ずに操作していることが多いようですね。手先の不器用さも見られます」（詳しくはp.13「2　アセスメントに基づいたトレーニング」1.参照）と説明してくれたのと同時に，「普段の生活では，「見る」ことの習慣付けを意識しましょう。物をいつもと少し違う場所に置いてみたり，渡すときにも手元に差し出すのではなく，Cくんが伸ばした手から少し違う場所に出してみたりしてください。きちんと見ないといけない状況を周りの大人が意識してつくり出してあげましょう」と**日常生活での配慮**を提案してくれました。

さらに「目と手の協応の力をつけるための**トレーニング**方法を紹介しますので，取り組んでみてください」といくつかの練習方法を教えてくれました。

③ 取り組んだトレーニングと子どもの様子

専門家の先生から教わったトレーニングを，園・保護者でCくんの様子を共有しながら取り組んでいくことにしました。

- ぬいぐるみをつかまえようⅠ，Ⅱ，Ⅲ（p.28～30）
- ボールキャッチⅠ，Ⅱ，Ⅲ（p.36～38）
- いちごケーキⅠ，Ⅱ，Ⅲ（p.44～46）
- ペグボードⅠ，Ⅱ，Ⅲ（p.53～55）
- 積木移動Ⅱ，Ⅲ（p.51，52）
- アイロンビーズすくいⅠ（p.62）

④ 子どもの変化

日常生活での配慮やトレーニングを始めて10日ほど経つと，物を取る際や受け取る際に，きちんと手元に視線がいくようになってきました。帳面にシールを貼る際も，声をかけなくても枠からはみ出さないように手元に注目して貼るようになり，はみ出さずに貼れると「きれいに貼れたよ」と先生に見せに来てくれます。

毎日少しずつ練習を重ね，七夕の輪飾り（長細く切った折り紙を鎖状につなげた飾り）は自分で折り紙をハサミで切り，糊付けもして，上手に完成させることができました。夏休み明けにはお昼ごはんを箸で食べることも増えました。クリスマスにはサンタを切り抜いて，画用紙に貼り付け，クリスマス会の招待状を作りました。卒園式では，保護者への手紙を書き，自分の名前も書くことができました。

保護者の方も，「1人目の子どもなので，これから先もいろいろ心配ですけど，小学校に入るまでに，ここまでできるようになって，少しほっとしています。ありがとうございました」とおっしゃってくださいました。

4

ノートをきれいに書くのが苦手だったSさん

1 子どもの様子

　Sさんは本を読むことが好きな小学4年生の女児です。学校では長休みの時間は，図書室で借りた本を読んでいたり，クラスの友達と集まって楽しそうに会話していたりする様子が見られます。学習成績は平均的で宿題もきちんとこなしてきますが，提出されるノートの字がマスからはみ出したり，非常に読みにくかったりして，本人も気にはしているようです。書いているところを見られたくないのか，授業中も腕でノートを隠すようにして書いています。また，算数の図形の単元だけが平均を下回っています。

　保護者の話では，「もう少しきれいに書くように」と何度か言ったことがあるそうですが，一向によくならず，最近はノートを見せたがらなくなっているそうです。高学年になってもこんなふうだと周りから何か言われるのではないかと心配していらっしゃいます。

2 苦手さの原因と対応

　保護者からの相談を受けていた担任は，校内研修でもらった「見る力に関するチェックリスト」（p.110）をSさんの様子を思い浮かべながら付けてみました。すると，4つの領域のうち，「手指の操作」の点数が基準より高くなることが分かりました。Sさんに当てはまった項目を見直してみると，指先を使った作業が苦手といった共通点がみえてきました。そう思うと，鍵盤ハーモニカやリコーダーに苦労していたりすることも思い出されます。原因をはっきりさせるために，特別支援教育コーディネーターの先生に相談し，保護者の了解を得て，検査をしてもらいました。

　その結果，WAVESという検査で「線なぞり」「形なぞり」といった目と手の協応の苦手さが顕著だということが分かりました。専門家の先生からは「目の動きなどの視機能や形を捉える力には問題は認められませんでした。また，簡易な読み書きの検査についても実施しましたが，問題はみられません。担任の先生がおっしゃる通り，目と手の協応の部分が他の能力に比べて極端に低く，それがSさんのさまざまな苦手な面につながっているようです。算数の図形の単元で成績が低下しているというのも作図に関してではありませんか？」（詳しくはp.13「2　アセスメントに基づいたトレーニング」1. 参照）と原因について説明してくれたのと同時に，「まずは今の状態でもさまざまな操作が少しでも上手にできるように，道具を工夫してみてはどうでしょうか。また，作図の方法を理解できているかどうかの評価であれば，Sさん

については許容誤差を少し広めにとっていただくのも検討してみてください。ノートについては，Ｓさんの書きやすい大きさのマス目のものを使ってもらうこと，ペンシルグリップを利用したり，太めの鉛筆を使うなどして少しでも安定して鉛筆を持てるようにすること。そして書き写す内容を重要な部分だけに絞って負担を減らすことも，授業の内容をしっかり聞くうえで必要になるかもしれません。Ｓさんの授業の様子を見て，またご検討ください」と**学級での配慮**を提案してくれました（詳しくは p.17「3　ビジョントレーニングと組み合わせるべき合理的配慮」参照）。

　さらに「目と手の協応の力をつけるための**トレーニング**方法を紹介しますので，取り組んでみてください」といくつかの練習方法を教えてくれました。

3 取り組んだトレーニングと子どもの様子

　専門家の先生から教わったトレーニングは次のようなものでした。トレーニングは主に家庭で取り組むことにしました。プリント教材は，学校の朝の学習の時間に週に2，3回クラス全員で取り組むようにしています。
- バランスゲームⅠ，Ⅱ，Ⅲ（p.41〜43）
- アイロンビーズすくいⅠ，Ⅱ，Ⅲ（p.62〜64）
- 積木移動Ⅱ，Ⅲ（p.51，52）　　・くるくるボードⅠ，Ⅱ（p.59，60）
- ○×数字レースⅠ・Ⅱ（p.86）

4 子どもの変化

　学級では，他にも作図の苦手な子どもがいたため，希望者の定規の裏に滑り止めを付け，作図の許容誤差も子どもによって見直しました。また，学年によって決まっているマス数以外のノートでも自分が使いやすいものを使っていいようにしたり，板書量が多くなる授業では穴あきプリントをクラス全員分用意し，重要語句を書くことでノートができあがるようにしたりしてみました。Ｓさんは作図のテストでも平均点を取れるようになり，算数を得意教科と思うようにもなりました。

　トレーニングを続けるうちに，リコーダーの練習で自分でも指が動きやすいと思うようになったり，コツを教えてもらってハサミでプリントの切り取りがきれいにできるようになってきたりしました。ノートに字を書くことは今でも好きではありませんが，担任の配慮で書く負担が減ったり，きれいに書けたときに「上手に書けていますね」とコメントをもらったりして，気持ちが楽になったようです。コメントがうれしくて以前は見せたがらなかったノートを今は自分から見せてくれることもあり，保護者も安心しているようです。

3章　苦手さのある子どもへのビジョントレーニング指導事例　109

〈参考資料〉

見る力に関するチェックリスト

0：あてはまらない　　　1：少しだけあてはまる
2：だいたいあてはまる　3：よくあてはまる

1	近くの物を見る作業や本読みをするととても疲れる	
2	文字を書くと形が崩れる	
3	文の終わりを省略して読んだり，勝手に読みかえたりする	
4	読んでいるとき，行や列を読み飛ばしたり，繰り返し読んだりする	
5	表の縦や横の列を見誤る（百ます計算など）	
6	近くの物を見る作業や読むことを避ける	
7*	地図を見て理解するのが苦手（地図を読みとるのが苦手）	
8	指で文字をたどりながら読む	
9	形がよく似た文字を読み間違えることが多い	
10	黒板を写すのが苦手または遅い	
11	指さしたり，提示したりした物をすばやく見つけられない	
12*	晴れた日に外に出ると，とてもまぶしがる	
13*	鏡文字がある	
14	宿題を終えるのにとても時間がかかる	
15	ラケットやバットでボールを打つのが苦手	
16	積木やパズルをしたがらない	
17	箸をうまく使えない	
18*	長い／短い，大きい／小さいを見比べて判断するのが難しい	
19*	授業中，課題を時間内に終わらせることができない	
20	図形や絵を見て同じようにかき写すことが苦手	
21	長い時間，集中して読むことができない	
22*	片目をつぶって見る	
23	おりがみが苦手	
24	ハサミを使った作業が苦手	
25	文章を書くと，文字が1列にそろわない	
26	鍵盤ハーモニカやリコーダーがうまく演奏できない	

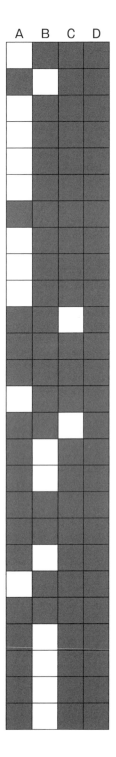

No.	項目	A	B	C	D
27	（ビーズなど）ひもを穴に通すのが難しい	■	□	■	■
28	目に見える位置で行う蝶々むすびがうまくできない	■	□	■	■
29	図形の問題が苦手	■	□	■	■
30	目に見える位置の衣服のボタンのとめはずしが苦手	■	□	■	■
31	両方の目が同じ方向を見ていないことがある	■	■	■	□
32	距離を判断するのが苦手（自分から壁までの距離など）	■	■	□	■
33	目の前にある物をなかなか見つけられない	■	■	□	■
34	下りの階段や高い遊具への昇り降りを怖がる	■	■	□	■
35	数字，かな文字，漢字の習得にとても時間がかかる	□	■	■	■
36	つまずいたり，物や人にぶつかったりすることが多い	■	■	□	■
37	目を細めて物を見る	■	■	■	□
38	物を見るとき，顔を傾ける（例．横目で見る，上目使いで見る，頭を横に傾けて見るなど）	■	■	■	□
39	方向感覚が悪い（何度も通ったことのある道でも，間違った方向に進んでしまうなど）	■	■	□	■
40	物を見るときに，しばしば目をこすったり，まばたきをしたりする	■	■	■	□
41	定規などの目盛りが読みにくい	□	■	■	■
42	物を見るとき，必要以上に顔を近づける	■	■	■	□
43	ボールを受けるのが苦手	■	■	□	■
44	定規，分度器，コンパスを上手に使えない	■	□	■	■
45	表やグラフを理解するのが苦手	□	■	■	■

	総得点		小計			
	評価		評価			
	基準	0-26	基準	0-8	0-8	0-7	0-1

Ａ：読み書き関連の視活動　読み書きに関連した，視覚性注意のコントロールや視線移動を行う力
Ｂ：手指の操作　手元の空間で，視覚情報と連動して指や手の動きをコントロールする力
Ｃ：空間の認知　空間的な位置，方向，距離感を認識する力
Ｄ：注視関連の症状　物を見る際の，目や頭位に関する症状の有無
　＊：参考項目

Ａ：9点以上，Ｂ：9点以上，Ｃ：8点以上，Ｄ：2点以上の場合は，それぞれの力の問題が疑われる。その場合は，視覚および運動に関するアセスメントを行い，疑われる問題に関して確認することが望ましい。

【参考文献】
奥村智人・三浦朋子・中西　誠他「学童期用視覚関連症状チェックリストの作成」『脳と発達』45(5), 360-365 (2013)

スラップタップⅠ見本用紙

※各見本用紙はＡ４サイズに拡大コピーしてお使いください。

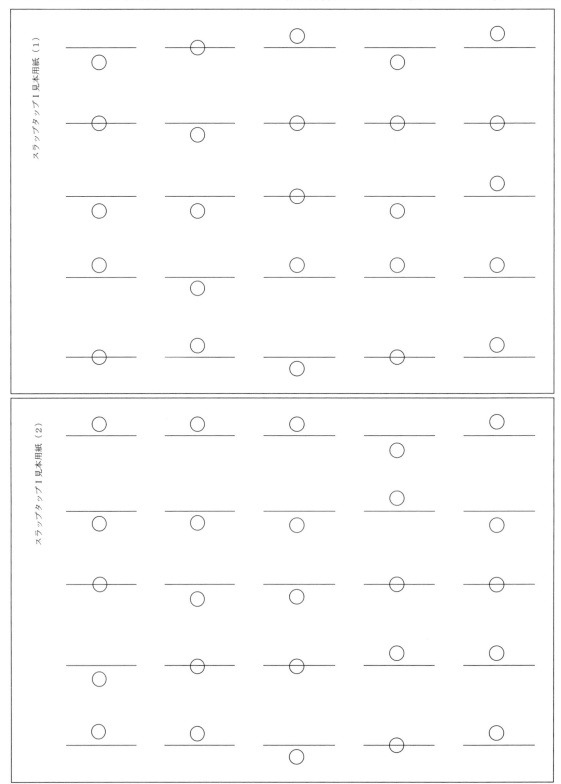

スラップタップⅡ・Ⅲ見本用紙

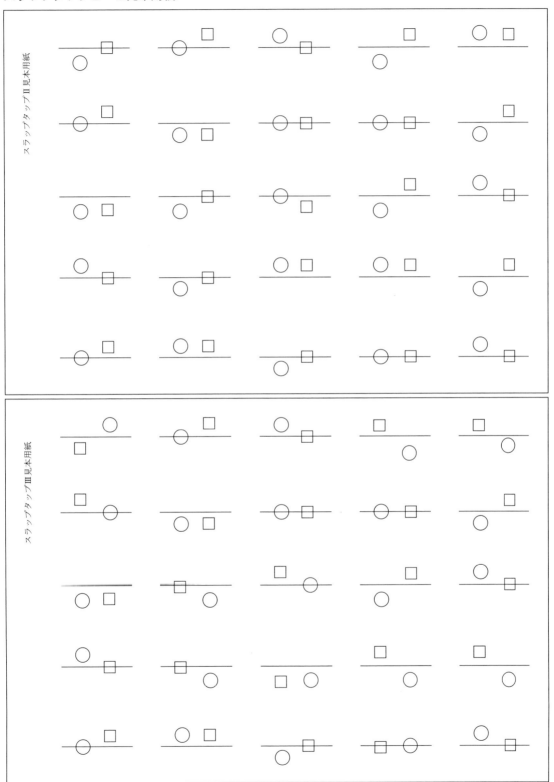

コラムサッケード見本用紙

コラムサッケード見本用紙(1)

→

8	2	5	6	1	7	4	9
6	3	8	7	2	9	5	4
9	6	5	2	1	8	7	3
2	7	4	1	5	9	8	3

コラムサッケード見本用紙(2)

→

8	2	5	6	1	7	4	9
6	3	8	7	2	9	5	4
9	6	5	2	1	8	7	3
2	7	4	1	5	9	8	3

コラムサッケード見本用紙(3)

➡

8	2		6		7		9
6			7	2		5	4
9	6			1		7	3
2		4		5			3

コラムサッケード見本用紙(4)

9	7	8	2	1	8
4	2	1	3	6	3
3	8	5	7	3	7
7	6	4	1	5	2
2	1	9	4	2	9

⬇

参考資料 115

コラムサッケード見本用紙(5)

9	7	8	2	1	8	↓
4	2	1	3	6	3	
3	8	5	7	3	7	
7	6	4	1	5	2	
2	1	9	4	2	9	

コラムサッケード見本用紙(6)

9	7	8	2	1	8	↓
	2		3	6		
3			7		7	
		4			2	
2	1	9	4	2	9	

コラムサッケード見本用紙(7)

→

6	4	1	5	9	8	3	5	4
9	6	5	2	1	8	7	3	5
3	2	5	4	1	7	5	9	2
7	2	3	8	7	2	9	1	4
6	3	8	7	2	9	5	4	2

コラムサッケード見本用紙(8)

→

[6]	4	[1]	5	9	[8]	3	[5]	4
9	[6]	5	[2]	1	8	[7]	3	[5]
[3]	2	5	4	[1]	[7]	5	[9]	2
7	[2]	[3]	8	[7]	2	[9]	1	4
[6]	3	8	[7]	2	[9]	5	4	[2]

参考資料 117

コラムサッケード見本用紙(9)

→

6		1	5		8		5	4
9	6	5			8	7		5
3			4	1			9	2
7	2			7			1	4
6		8		2	9			2

コラムサッケード見本用紙(10)

↓

3	9	7	6	2	1	9
5	2	5	3	6	8	4
2	3	8	5	7	3	7
7	8	2	4	1	5	1
6	7	1	8	4	2	6
1	6	4	2	9	7	5

コラムサッケード見本用紙(11)

3	9	7	6	2	1	9	⬇
5	2	5	3	6	8	4	
2	3	8	5	7	3	7	
7	8	2	4	1	5	1	
6	7	1	8	4	2	6	
1	6	4	2	9	7	5	

コラムサッケード見本用紙(12)

3	9	7	6	2	1	9	⬇
	2		3	6		4	
2		8	5				
7		2			5	1	
	4			4	2		
1	6	4	2	9	7	5	

参考資料　119

【著者紹介】

奥村　智人（おくむら　ともひと）

キクチ眼鏡専門学校卒業。米国パシフィック大学オプトメトリー修士課程，教育学修士課程修了。子どもの視覚能力の評価，視覚トレーニングを実施するとともに，視覚発達と学習についての研究を行っている。現在，大阪医科大学LDセンターに勤務。American Academy Optometry認定オプトメトリスト（FAAO），College of Optometrists in Vision Development認定オプトメトリスト（FCOVD），特別支援教育士スーパーバイザー（S.E.N.S-SV）。

【著書】『学習につまずく子どもの見る力』（明治図書，2010），『教室・家庭でできる「見る力」サポート＆トレーニング　発達障害の子どもたちのために』（中央法規出版，2011），「『見る力』を育てるビジョン・アセスメント「WAVES」』（学研教育みらい，2014），『CARD　包括的領域別読み能力検査』（スプリングス，2014），分担執筆『子どもの学びと向き合う医療スタッフのためのLD診療・支援入門』（診断と治療社，2016）

三浦　朋子（みうら　ともこ）

南山大学文学部卒業。キクチ眼鏡専門学校専攻科卒業，同研究員課程修了。子どもの視覚能力の評価，視覚トレーニングを実施している。現在，清恵会病院　堺清恵会LDセンターに勤務。JOA認定オプトメトリスト，特別支援教育士スーパーバイザー（S.E.N.S-SV）。

【著書】「『見る力』を育てるビジョン・アセスメント「WAVES」』（学研教育みらい，2014），『CARD　包括的領域別読み能力検査』（スプリングス，2014），分担執筆『子どもの学びと向き合う医療スタッフのためのLD診療・支援入門』（診断と治療社，2016）

茅野　晶敬（ちの　あきのり）

キクチ眼鏡専門学校専攻科卒業，同研究員課程修了。視覚発達支援あおぞらで子どもの視覚能力の評価，視覚トレーニングを実施している。JOA認定オプトメトリスト，特別支援教育士（S.E.N.S）。

特別支援教育サポートBOOKS

学びにくい子どもと教室でできる！〈プチ〉ビジョントレーニング

2018年3月初版第1刷刊　©著　者　奥　　村　　智　　人
　　　　　　　　　　　　　　　　　三　　浦　　朋　　子
　　　　　　　　　　　　　　　　　茅　　野　　晶　　敬
　　　　　　　　　　　　発行者　藤　　原　　光　　政
　　　　　　　　　　　　発行所　明治図書出版株式会社
　　　　　　　　　　　　　　　　http://www.meijitosho.co.jp
　　　　　（企画）佐藤智恵（校正）川村千晶・（株）友人社
　　　　　　　　　〒114-0023　東京都北区滝野川7-46-1
　　　　　　　　　振替00160-5-151318　電話03(5907)6703
　　　　　　　　　　　　　　　　ご注文窓口　電話03(5907)6668
＊検印省略　　　　　　　　組版所　中　　央　　美　　版

本書の無断コピーは，著作権・出版権にふれます。ご注意ください。

Printed in Japan　　　　　ISBN978-4-18-261814-7

もれなくクーポンがもらえる！読者アンケートはこちらから →